Ottolenghi
SIMPLES

Yotam Ottolenghi com Tara Wigley e Esme Howarth

Tradução Lígia Azevedo

COMPANHIA DE MESA

Sumário

Introdução	vii
Brunch	3
Vegetais crus	25
Vegetais cozidos	49
Arroz, grãos e leguminosas	155
Macarrão e massa	177
Carne e frango	201
Peixe	241
Doces	267
Sugestões de refeições SIMPLES	294
Refeições temáticas	297
Ingredientes "Ottolenghi"	299
Índice remissivo	303
Agradecimentos	307

COMIDA SIMPLES

Há inúmeras maneiras de levar uma refeição à mesa, dependendo do tipo de cozinheiro que você é. O que é simples para uma pessoa pode ser o pesadelo de outra. Para mim, por exemplo, é uma questão de poder parar no mercado no caminho para casa, comprar algumas coisinhas que parecem boas e servir o jantar 20 a 30 minutos depois de chegar em casa. Por outro lado, Karl, meu marido, tem uma ideia completamente diferente do que é uma "culinária simples". Se vamos receber amigos no fim de semana, ele passa bastante tempo antes preparando e cozinhando tudo o que pode, de modo que sobre muito pouco a fazer quando os convidados chegarem.

E há outros modos. Esme, que conduziu o teste das receitas deste livro, prefere passar o fim de semana no jardim a ficar presa na cozinha. A ideia dela de "culinária simples" é colocar algo no forno na manhã de sábado e deixar que asse lentamente, para só comer 4 ou 5 horas depois. Tara, por sua vez, que cuidou da parte da escrita, não consegue relaxar sem saber que a refeição está praticamente pronta um dia antes: molhos na geladeira, caldos no congelador, vegetais branqueados ou assados e prontos.

Qualquer que seja nossa abordagem, quando amigos ou familiares chegam para comer, tudo parece fácil e descomplicado. Isso só acontece porque descobrimos a maneira mais adequada para cada um de nós de tornar o trabalho na cozinha simples, relaxante e, por consequência, divertido. É diferente para cada um. E este livro gira em torno desta ideia, de que há mais de uma maneira de colocar uma mesma comida na mesa e de que cada um tem um conceito diferente de simplicidade.

E, para quem estiver se perguntando, "simples" e "Ottolenghi" não são coisas contraditórias. Eu sei, eu sei — já vi as sobrancelhas levantadas, ouvi as piadas. Como aquela sobre o leitor que achou que havia uma parte da receita faltando, porque já tinha todos os ingredientes listados na despensa. Ou sobre "dar uma passadinha no mercado do lado de casa para comprar leite, alho negro e sumagre".

Reconheço minha culpa, é claro. Sempre há listas a fazer e ingredientes a encontrar, mas não me envergonho de nenhuma receita. Cozinhar, para mim, sempre esteve relacionado a abundância, generosidade, frescor e surpresa. Quatro grandes palavras a se esperar de um prato de comida, de modo que um único ramo de salsinha nunca daria conta do recado. E estou animado porque este livro está cheio de receitas que ainda são claramente "Ottolenghi", mas são simples em ao menos um aspecto (e com frequência em mais de um).

Introdução

Tendo em mente as diferentes definições de simplicidade, Tara desenvolveu um código com cores que é ao mesmo tempo claro e prático. Esse maravilhoso sistema permite que, uma vez descoberto o tipo de cozinheiro que você é e para que tipo de ocasião vai cozinhar, você selecione as receitas certas. As cores fortes estão aqui para ajudar a planejar e pôr a mão na massa, com o mínimo de transtorno e o máximo de alegria.

pouco tempo

Com os ingredientes na despensa, a faca afiada, o forno ligado e a bancada livre, as receitas marcadas com este ícone devem levar menos de 30 minutos para ir à mesa. Devido ao curto tempo de cozimento, o macarrão entra aqui, assim como o peixe, que costuma cozinhar rápido. Também pode ser o caso da carne: bolinhos de cordeiro e schnitzel de frango não precisam ficar muito tempo na frigideira. Receitas com vegetais crus são quase sempre rápidas de fazer, assim como metade das de brunch, que é o que se espera ao cozinhar logo cedo.

Como os pratos deste bloco à noite durante a semana e sirvo para meus amigos no brunch no fim de semana. Tamanhas são sua rapidez e facilidade que às vezes faço cinco ou seis receitas de uma vez, transformando inadvertidamente a refeição simples que eu havia planejado em um grande banquete.

10 ingredientes ou menos

Achei que impor um limite de 10 ingredientes às minhas receitas seria um grande desafio, mas na verdade foi muito divertido. Muitas vezes, cedo alegremente à tentação de acrescentar camada após camada de sabor e textura, mas saber que eu não podia fazer isso aqui foi de certa forma uma libertação.

O mais impressionante foi ter conseguido fazer isso sem pensar em nenhum momento que algo estava faltando. Sou um grande defensor das ervas — o verde me deixa feliz! — e nunca me arrependi de espremer um limão-siciliano em cima de um prato, mas sem dúvida às vezes menos é mais e a abundância pode ser alcançada com menos ingredientes.

O que deixei de fora? Uma ou duas ervas são usadas em vez de três ou quatro, por exemplo. Um tipo de óleo, sal ou pimenta se mostrou suficiente. Algumas misturas de temperos — como curry e cinco especiarias chinesas — são uma ótima alternativa a moer e misturar uma variedade de temperos individuais. Um prato era suficientemente saboroso, a ponto de não precisar da colher de chá de açúcar, do dente de alho ou da meia colher de chá de hortelã seca ou extrato de tomate que eu poderia ter adicionado. Em vez de usar vinagre e limão-siciliano, usei só um em maior quantidade.

Com exceção da *harissa* — para mim, um item que não deve faltar na despensa — e de uma receita cujo molho leva 1 colher (sopa) de sriracha (o camarão da p. 258), decidi não usar pastas prontas, como de curry vermelho ou verde. Há algumas de boa qualidade, mas, como o frescor é importante para mim, prefiro fazer uma pasta caseira de curry simples e rápida, usando poucos ingredientes-chave, a usar uma versão industrializada cheia de ingredientes.

Sal, **pimenta**, **azeite** e — em algumas receitas — **alho** e **cebola** não foram incluídos na contagem dos ingredientes.

preparar com antecedência

Minha comida é baseada em frescor. Ervas e folhas não gostam de ficar paradas depois de picadas ou temperadas. Muitos pratos assados devem ser consumidos assim que saem do forno. No entanto, há diferentes maneiras de adiantar uma refeição sem comprometer a qualidade da comida.

Muitas preparações, por exemplo, podem ser feitas um dia ou dois antes e mantidas na geladeira, prontas para ser aquecidas ou levadas à temperatura ambiente antes de servir. Patês e molhos, por exemplo. O congelador também é um amigo. Fazer uma receita dobrada de molho de macarrão ou ensopado costuma dar o mesmo trabalho que uma simples. Assim, dá para congelar metade, ter uma refeição prontinha esperando e se sentir muito satisfeito consigo mesmo no processo.

No entanto, não se trata apenas de colocar a comida na geladeira ou no congelador um dia ou uma semana antes. Também estamos falando de todas as maneiras como você pode trabalhar algumas horas antes da refeição, de modo que o prato esteja pronto para ser montado quando chegar o momento de comer. Oleaginosas podem ser tostadas, massas de bolos e tortas podem ser feitas, recheios podem ser preparados, grãos podem ser cozidos, vegetais podem ser branqueados e secos ou até assados (no caso da berinjela ou da abóbora) e depois levados à temperatura ambiente. Todas essas coisas podem ser feitas horas (ou até um dia) antes. Ervas talvez não gostem de ser picadas antes, mas certamente podem ser selecionadas com antecedência. Cubra-as inteiras com papel-toalha levemente úmido e mantenha na geladeira.

Com carne, muita coisa pode ser antecipada. A mistura das almôndegas pode ser feita e elas podem ser moldadas (e ficar esperando) ou até mesmo cozidas (e aquecidas na hora de servir). Sobrecoxa de frango e contrafilé podem ficar marinando por um ou dois dias antes de cozinhar. Ensopados que requerem cozimento lento podem ser feitos com um ou dois dias de antecedência e ser aquecidos antes de servir.

Sobremesas e doces com muita frequência são feitos antes. Sorvete fica perfeito no congelador, muitos bolos e a maior parte dos biscoitos aguentam bem em potes herméticos, e bolos gelados podem ser guardados, é claro, na geladeira. Outras vezes, alguns elementos podem ser preparados com antecedência, prontos para a montagem antes de servir: como as cerejas, a massa e o corpo do cheesecake da p. 268, por exemplo, de modo que se leve apenas 1 minuto na montagem antes que tal maravilha possa ser levada à mesa.

A alegria de adiantar receitas é que, sabendo que a maior parte do trabalho foi feita, você pode estar de fato presente quando chega a hora de servir e desfrutar a comida. Receber amigos e familiares consiste tanto em passar tempo juntos quanto na comida disponível, e não deve haver uma lacuna entre a diversão tranquila que é planejar uma refeição e concretizá-la de fato. Ninguém vai à casa de um amigo esperando que a comida seja preparada sem atrasos e verificada com rigor na boqueta antes de ser servida. É para isso que servem os restaurantes. Se você é alguém que gosta de planejar, não tente se tornar um chef louco bem na noite em que seus amigos vão jantar na sua casa.

o que tem na despensa

O que as pessoas têm em casa depende, obviamente, do que gostam de comer e cozinhar. Sei que o fato de sempre haver tahine, chá verde e chocolate amargo na minha despensa não quer dizer que também há na dos outros.

Dito isso, presumo que algumas dessas coisas você tenha à mão. Se uma receita se basear nelas, vai entrar aqui. Esses ingredientes são:

ingredientes cotidianos

Azeite	**Limão-siciliano** (sempre	**Arroz**
Manteiga sem sal	indico o siciliano, mais suave)	**Leguminosas em**
Farinha de trigo	**Iogurte grego**	**conserva** (feijões, lentilhas,
Ovos grandes	**Parmesão** (ou pecorino)	grão-de-bico)
Alho	**Ervas**	**Latas de atum ou anchovas**
Cebola	**Macarrão seco**	**Sal e pimenta**

Talvez você ainda tenha que comprar alguma coisa — uma posta de bacalhau ou hadoque, por exemplo, para um prato com grão-de-bico (p. 262) ou espinafre para o macarrão (p. 191) —, mas a ideia é que uma única parada na volta para casa resolva, e que não haverá uma longa lista de ingredientes ou necessidade de passar em mais de um lugar.

Assim como esses itens do dia a dia, há dez ingredientes especiais que acredito que você não tenha na despensa e que eu gostaria que comprasse. Comida simples com frequência requer injetar tanto sabor quanto possível em um prato de modo fácil e rápido. Estas são algumas das minhas bombas de sabor favoritas. Todas duram bastante e são usadas repetidamente neste livro.

ingredientes "Ottolenghi"

Sumagre	**Alho negro**	**Pimenta urfa em flocos** (se não
Zaatar	**Melaço de romã**	encontrar, substitua por
Harissa	**Bérberis** (pode	pimenta-calabresa em flocos)
Tahine	ser substituído	**Limão-siciliano em conserva** (para
Cardamomo em pó	por groselha)	receita caseira, ver o livro *Jerusalém*)

Para saber mais sobre esses ingredientes, onde encontrar a melhor versão deles e por que é tão bom tê-los na despensa, veja a p. 299.

O que você tem em casa varia de acordo com a estação, claro. Um prato com cogumelo e castanha-portuguesa assados (p. 112) é algo que se pode fazer no Natal, mas não em meses menos festivos.

Essas receitas também devem ser versáteis. Meu molho de salada limpa-geladeira (p. 37), por exemplo, usa as ervas que eu tinha para gastar quando estava fazendo a receita, mas também funciona sem estragão e um pouco mais de manjericão, se for tudo o que você tiver no momento. As barras de chocolate de geladeira (p. 288) são tão robustas quanto possível: sugeri as frutas secas, o tipo de chocolate e a bebida alcoólica que gosto de acrescentar à mistura, mas comece com o que tiver na despensa e incremente a partir daí. Há algo de muito satisfatório em fazer uma refeição com o que você já tem.

Introdução

preguiça

Algumas pessoas estão sempre fazendo outras coisas enquanto a comida cozinha. O ensopado fica cozinhando lentamente enquanto estão no jardim, o aipo-rábano inteiro assa por horas, as coxas de frango ficam marinando durante a noite e só precisam ser transferidas para uma assadeira e levadas ao forno. Todo o trabalho foi feito antes, para garantir que o prato adquira o sabor necessário, e então é hora de deixar que as forças combinadas do calor e do tempo cuidem do resto.

São incluídos aqui pratos feitos em uma única panela ou assadeira, que são simples, saborosos e não deixam muita louça para lavar: vegetais misturados com um ou dois ingredientes, como cenoura e *harissa* ou cogumelo e castanha-portuguesa com *zaatar*.

Bolos que não precisam assar e pratos com arroz que você pode colocar no forno e esquecer entram aqui também. Eles enchem sua casa de aromas, não tumultuam a pia e permitem que você siga em frente com os afazeres que parece nunca conseguir cumprir. Ou permitem que se entregue à preguiça, voltando à cama com o jornal do dia.

mais fácil do que parece

De novo: a definição de culinária fácil ou simples varia para cada um. A ideia de praticidade de uma pessoa é completamente diferente da ideia de outra. Você pode ter crescido fazendo seu próprio pão, por exemplo, mas também pode nunca ter contemplado essa possibilidade. O mesmo acontece com massa de torta, sorvete, iogurte, creme. Às vezes pode ser a coisa mais simples do mundo: deixar o cuscuz ou o arroz fofinho, ou um ovo perfeitamente cozido. Estas receitas vão lhe mostrar como os pratos podem ser muito mais fáceis do que você imagina.

Também entram nessa categoria receitas que parecem coisa de restaurante, mas na verdade são superpráticas. A burrata com uvas (p. 43), por exemplo, ou o tartar de truta com cebola e pistache (p. 243) parecem dignos de um estabelecimento refinado, mas você vai se surpreender ao perceber que qualquer um pode fazê-los. Não se deixe intimidar por receitas com palavras francesas ou italianas, como "confit", "carpaccio" e "clafoutis". Pode parecer que você só deveria se arriscar nelas se estudou culinária, mas não é verdade!

Isso acontece com todas as comidas, na verdade. Independentemente de palavras em línguas que não são a sua, se você consegue ler, consegue cozinhar; e, se sabe que tipo de cozinheiro é — do tipo que prepara as coisas adiantado, tem pouco tempo ou usa o que quer que tenha na despensa —, tudo fica ainda mais simples. Nenhum de nós está preso a um ou outro tipo, é claro: somos todos os tipos de cozinheiros em diferentes ocasiões e épocas de nossa vida. Só espero que a estrutura deste livro leve a uma libertação culinária para todos aqueles que desejam que sua comida permaneça farta e marcante, mas com uma preparação mais simples.

Um comentário sobre ingredientes, recomendações para adiantar processos e temperatura do forno

A menos que esteja escrito o contrário, todos os ovos são grandes, todo leite é integral, todos os pesos entre parênteses são do alimento cru, todo sal é comum, a pimenta-do-reino é moída na hora e todas as ervas são frescas. Cebolas são brancas, azeite é extravirgem e a parte branca do limão deve ser evitada nas raspas da casca. Cebola e alho precisam ser descascados, a menos que mencionado o contrário. O limão-siciliano em conserva é pequeno. A *harissa* usada neste livro é a rosa da marca Belazu. Outros tipos e marcas são bastante diferentes, de modo que a instrução para acrescentar ou diminuir a quantidade é sempre dada.

Quando uma receita pode ser feita adiantado (ou partes dela), estimativas são dadas: até 6 horas antes, até 2 dias, até 1 semana etc. No entanto, condições diferentes afetam a durabilidade do alimento — quanto tempo foi mantido fora da geladeira, quão quente é a cozinha etc. Portanto, essas recomendações devem ser consideradas caso a caso, no sentido de julgar se algo ainda pode ser comido. Quando instruído a manter algo na geladeira se feito adiantado, é melhor deixar que volte à temperatura ambiente (ou aqueça, se for o caso) em vez de comer gelado.

Todas as receitas foram testadas em forno de convecção, mas, nesta edição, as temperaturas foram convertidas para forno normal. Também recomendamos usar um termômetro para forno, já que todos eles variam.

Brunch

Brunch

Ovos com alho-poró e *zaatar*

Serve 6

30 g de manteiga sem sal
2 colheres (sopa) de azeite
2 alhos-porós grandes
(ou 4 pequenos), aparados e cortados em fatias de 0,5 cm (530 g)
1 colher (chá) de cominho em grãos, torrado e levemente esmagado
2 limões-sicilianos pequenos em conserva, sem sementes, com casca e polpa bem picados (30 g)
300 ml de caldo de legumes
200 g de folhas de espinafre baby
6 ovos grandes
90 g de queijo feta, quebrado em pedaços de 2 cm
1 colher (sopa) de *zaatar*
sal e pimenta-do-reino

Eis um jeito incrivelmente rápido de preparar um prato reconfortante. Pode ser consumido no brunch, com café, e num jantar mais leve, com pão italiano e uma taça de vinho. O alho-poró e o espinafre podem ser feitos até um dia antes e mantidos na geladeira, à espera dos ovos.

1. Coloque a manteiga e 1 colher (sopa) de azeite em uma frigideira grande que tenha tampa e leve ao fogo médio-alto. Quando a manteiga começar a formar espuma, acrescente o alho-poró, ½ colher (chá) de sal e bastante pimenta. Frite por 3 minutos, mexendo com frequência, até o alho-poró amolecer. Adicione o cominho, o limão-siciliano e o caldo de legumes e deixe ferver por 4 a 5 minutos, até a maior parte do caldo evaporar. Inclua o espinafre e cozinhe por 1 minuto, até murchar, e reduza o fogo para médio.

2. Use uma colher grande para fazer 6 buracos na mistura e quebre um ovo em cada espaço. Polvilhe com uma pitada de sal e distribua o feta ao redor dos ovos. Tampe a frigideira e deixe cozinhar em fogo baixo por 4 a 5 minutos, até que a clara esteja cozida e a gema, mole.

3. Misture o *zaatar* com a colher (sopa) de azeite restante e pincele sobre os ovos. Sirva em seguida, direto da frigideira.

Foto na dupla de páginas anterior

Brunch

Omelete de manchego e *harissa*

Gosto de comer este prato no brunch ou num jantar rápido, com uma salada de tomate e avocado como acompanhamento. As cebolas podem ser caramelizadas 2 dias antes e mantidas na geladeira, então vale a pena fazer a receita dobrada. Acrescente uma colherada a ovos mexidos ou a uma salada de cuscuz, por exemplo. Faça a mistura de ovo 1 dia antes se quiser e mantenha na geladeira. Então é só despejar tudo na frigideira.

1. Preaqueça o forno ou o broiler-grill a temperatura alta.

2. Coloque 3 colheres (sopa) de azeite em uma frigideira média (18 a 20 cm) que possa ir ao forno e leve ao fogo médio. Acrescente a cebola e refogue por 15 minutos, mexendo de vez em quando, até a cebola caramelizar e dourar. Transfira para uma tigela grande e acrescente os ovos, o leite, a *harissa*, as sementes de nigela, metade do coentro, ½ colher (chá) de sal e uma pitada generosa de pimenta-do-reino. Mexa bem e reserve.

3. Limpe a frigideira das cebolas, aumente o fogo para médio-alto e acrescente 2 colheres (chá) de azeite. Despeje ¼ da mistura de ovo, mexendo a frigideira para que a mistura se espalhe uniformemente. Depois de 1 minuto, polvilhe ¼ do manchego e leve ao forno por 1 minuto, para que o queijo derreta e os ovos terminem de cozinhar. Com uma espátula, solte as bordas do omelete para passá-lo da frigideira ao prato. Mantenha quente enquanto repete o processo com o restante da mistura de ovo, acrescentando azeite a cada leva, até ter 4 omeletes.

4. Sirva em seguida, com o coentro restante polvilhado em cima e uma cunha de limão ao lado.

Serve 4

85 ml de azeite

1 cebola grande, em fatias finas (250 g)

12 ovos grandes, levemente batidos

100 ml de leite

5½ colheres (sopa) de *harissa* rosa (ou 50% mais ou menos, dependendo do tipo, ver p. 301) (80 g)

2 colheres (chá) de sementes de nigela

15 g de coentro grosseiramente picado

110 g de manchego ralado grosso

2 limões-taiti cortados ao meio, para servir

sal e pimenta-do-reino

Foto na dupla de páginas anterior

Fritada de abobrinha e ciabatta

Este é um prato recorrente em casa nos fins de semana, quando Karl e eu recebemos amigos. Costumamos servir com uma salada de folhas e ervas temperada com azeite e sumo de limão-siciliano e alguns pedaços de feta por cima. A fritada é leve, fofa e reconfortante como só é possível na combinação de pão com leite e creme. Não desperdice a casca da ciabatta: ela pode ser transformada em farinha e congela bem. Este prato pode ir ao forno cerca de 4 horas antes e depois esquentado por 5 minutos antes de servir. O ideal é comer no mesmo dia, mas pode ficar na geladeira por 1 dia; só aqueça por 10 minutos.

1. Preaqueça o forno a 200°C.

2. Coloque a ciabatta, o leite e o creme de leite fresco em uma tigela média e misture bem. Cubra e reserve por 30 minutos para que o pão absorva a maior parte do líquido.

3. Coloque o alho, os ovos, o cominho e 50 g de parmesão em outra tigela grande com ¾ de colher (chá) de sal e ¼ de colher (chá) de pimenta. Misture bem, acrescente o pão e qualquer líquido restante, depois a abobrinha e o manjericão. Mexa devagar.

4. Leve uma assadeira de 20 cm x 25 cm ao forno por 5 minutos, até esquentar. Retire do forno, pincele com azeite e despeje a mistura de abobrinha. Nivele a superfície e asse por 20 minutos. Polvilhe o restante do parmesão uniformemente sobre a fritada e deixe assar por mais 20 a 25 minutos, até que esteja cozida — uma faca inserida no meio deve sair limpa — e a superfície esteja dourada. Reserve por 5 minutos e sirva a seguir.

Serve 6

500 g de ciabatta, sem casca, em pedaços grosseiros (250 g)

200 ml de leite

200 ml de creme de leite fresco, com pelo menos 35% de gordura

2 dentes de alho grandes, amassados

6 ovos grandes, levemente batidos

¾ de colher (chá) de cominho em pó

80 g de queijo parmesão, ralado fino

2 abobrinhas médias, raladas grosso (430 g)

25 g de folhas de manjericão, rasgadas

2 colheres (sopa) de azeite

sal e pimenta-do-reino

Brunch

Torrada com cogumelo e ovo poché

Assim como todas as receitas que envolvem ovo e torrada e se arrumar de manhã, o segredo aqui é o timing. O ideal é que os cogumelos e a torrada fiquem prontos mais ou menos ao mesmo tempo, para que se mantenham quentes, e os ovos logo em seguida. Coloque os cogumelos para cozinhar primeiro, ponha o pão no forno na metade do tempo e então faça os ovos. Este prato funciona tão bem como entrada do jantar quanto sozinho pela manhã.

Serve 4

400 g de cogumelos Shitake, em fatias de 1 cm de espessura
75 ml de azeite
2 dentes de alho amassados
½ colher (chá) de canela em pó
5 g de folhas de manjericão, rasgadas
⅛ de colher (chá) de pimenta-calabresa em flocos, e mais para servir
4 fatias de brioche, com 2 cm de espessura (cerca de 150 g)
4 ovos grandes
100 g de *sour cream*, para servir (se preferir, em vez de *sour cream*, use 5 colheres (sopa) de creme de leite fresco e 1 colher (chá) de sumo de limão)
sal marinho em flocos e pimenta-do-reino

1. Preaqueça o forno a 240°C.

2. Misture os cogumelos com 3 colheres (sopa) de azeite, 1 dente de alho, ¼ de colher (chá) de canela, ½ colher (chá) de sal marinho e uma pitada generosa de pimenta. Espalhe em uma assadeira grande e forrada com papel-manteiga e asse por 15 minutos, virando na metade do tempo, até amolecer e começar a dourar. Polvilhe com manjericão e reserve.

Brunch

3. Enquanto os cogumelos estiverem no forno, misture as 2 colheres (sopa) de azeite restantes com ¼ de colher (chá) de canela restante, 1 dente de alho, a pimenta-calabresa e ¼ de colher (chá) de sal. Espalhe a mistura de um lado das fatias de brioche e coloque-as em outra assadeira forradas com papel-manteiga, com o lado besuntado virado para cima. Cerca de 6 ou 7 minutos depois dos cogumelos, coloque o pão no forno ao lado dos cogumelos e asse até o pão ficar dourado e crocante.

4. Enquanto isso, encha uma panela média com bastante água e deixe ferver em fogo alto. Depois de ferver, reduza o fogo para médio-alto e, cuidadosamente, quebre os ovos dentro da panela. Cozinhe por 1,5 minuto para uma gema mole (ou um pouco mais para uma gema mais firme).

5. Divida os brioches em quatro pratos e cubra cada fatia com os cogumelos. Usando uma escumadeira, retire os ovos da água e coloque-os em cima dos cogumelos. Polvilhe cada ovo com uma pitada de sal e uma pitada de pimenta e sirva quente, com uma colher de *sour cream* ao lado.

Tofu mexido com *harissa*

Este prato entrou no nosso cardápio como uma opção vegana de café da manhã. Foi amplamente aceito por todos os clientes, veganos ou não, como alternativa aos ovos. Servimos sobre fatias grossas de pão grelhado com uma salada verde fresca de acompanhamento. Também fica ótimo com chalotas fritas crocantes polvilhadas por cima, do tipo vendido em mercados asiáticos. Se acha que vai incluir esta receita na sua rotina matinal, duplique ou quadruplique a quantidade de cebolas com harissa*: uma leva pode ficar na geladeira por cerca de 5 dias, de modo que o prato fica pronto em 5 minutos. Obrigado a Claire Hodgson.*

1. Leve uma frigideira grande ao fogo médio-alto e acrescente o azeite. Inclua as cebolas e refogue por 9 a 10 minutos, mexendo com frequência até que estejam caramelizadas e macias.

2. Enquanto isso, misture todos os ingredientes para a salada, adicione ⅓ de colher (chá) de sal e reserve.

3. Acrescente a *harissa* às cebolas e continue mexendo por 1 minuto. Junte o tofu e ¾ de colher (chá) de sal. Use um amassador de batata para quebrar o tofu e deixá-lo parecido com ovos mexidos. Continue esquentando por 2 minutos, até ficar quente. Sirva o tofu sobre pão grelhado, com a salada como acompanhamento.

Serve 6

2 colheres (sopa) de azeite
2 cebolas em fatias finas (300 g)
1½ colher (sopa) de *harissa* rosa (ou 50% mais ou menos, dependendo do tipo, ver p. 301) (22 g)
700 g de tofu tipo silken escorrido
6 fatias de pão grelhado ou torrado
sal

SALADA DE AVOCADO E PEPINO

½ **pepino** cortado ao meio no sentido do comprimento, sem sementes e em fatias finas (180 g)
2 pimentas dedo-de-moça verde, sem sementes e em rodelas finas
3 avocados maduros, em fatias finas (400 g)
20 g de folhas de coentro
1 colher (sopa) de azeite
2 colheres (sopa) de sumo de limão-taiti
1 colher (chá) de sementes de nigela

Brunch

Torrada com manteiga de avocado e tomate-cereja

Serve 2 generosamente ou 4 como lanche

2 a 3 avocados bem maduros, em temperatura ambiente, sem casca, cerca de 250 g

60 g de manteiga sem sal, amolecida e cortada em cubos de 2 cm

3 limões-taiti: rale a casca fino até obter 1½ colher (sopa), então esprema até obter 1½ colher (sopa) de sumo

10 g de folhas de estragão grosseiramente picadas

10 g de endro grosseiramente picado

200 g de tomate-cereja cortado em quartos

2 colheres (chá) de alcaparras bem picadas

2 colheres (sopa) de azeite, e um pouco mais para servir

4 fatias de pão (300 g)

1 dente de alho pequeno, sem casca e cortado ao meio

¼ de colher (chá) de cominho em grãos, torrado e esmagado

sal e pimenta-do-reino

O único jeito de tornar um avocado cremoso e saboroso ainda mais cremoso e saboroso é acrescentando uma manteiga cremosa e saborosa. Mas não se preocupe: não vai passar do ponto. E os tomates fazem o que devem fazer: conferem frescor, acidez e equilíbrio ao que quer que acompanhem. Certifique-se de que o avocado esteja bom e maduro e de que a manteiga esteja bem amolecida, então misture-os da maneira apropriada. Não caia na tentação de acelerar as coisas derretendo a manteiga, porque isso faz com que ela não se misture. Em vez disso, deixe-a em temperatura ambiente por algumas horas. Tanto os tomates quanto a manteiga de avocado podem ser preparados 1 dia antes, se quiser; só os guarde separados na geladeira.

1. Coloque o avocado e a manteiga na tigela pequena de um processador de alimentos ou mixer com metade das raspas e metade do sumo de limão e ½ colher (chá) de sal. Bata até ficar homogêneo, raspando a lateral da tigela algumas vezes se necessário. Transfira para uma tigela pequena com ⅔ das ervas. Incorpore e leve à geladeira por 10 minutos.

2. Para preparar os tomates, misture-os com as alcaparras, o restante das raspas de limão e do sumo, o azeite e um bom punhado de pimenta. Reserve até a hora de servir.

3. Grelhe ou torre o pão, então esfregue o lado cortado de um dente de alho de um lado de cada fatia. Deixe esfriar só um pouco, passe a manteiga de avocado e cubra com os tomates. Polvilhe com o cominho e o restante das ervas. Finalize com um pouco de pimenta e um fio de azeite e sirva.

Brunch

Pão de beterraba, kümmel e queijo de cabra

Rende 1 pão, com 10 fatias

50 g de aveia em flocos

10 g de folhas de tomilho bem picadas

50 g de sementes de abóbora

2 colheres (chá) de kümmel

2 colheres (chá) de sementes de nigela

100 g de farinha de trigo

100 g de farinha integral

2 colheres (chá) de fermento em pó

¼ de colher (chá) de bicarbonato de sódio

2 beterrabas (cruas), sem casca e raladas fino (200 g)

2 ovos grandes

80 ml de óleo de girassol, mais 1 colher (sopa) para untar

80 g de *sour cream* (para receita caseira, ver p. 10)

1 colher (sopa) de mel

20 g de queijo parmesão ralado fino

120 g de queijo de cabra pouco maturado e cremoso, quebrado em pedaços grosseiros de 2 cm

sal

Fazer pão sem fermento biológico e sem sova é a definição de simplicidade! A textura fica próxima da de um bolo, e é mais adequado comê-lo com manteiga com sal (do que usar em sanduíches). Se for aquecer, use o forno, e não a torradeira, pois o pão quebra. Depois de pronto, pode ser mantido em um pote hermético por 1 semana ou no congelador por até 1 mês — deixe descongelar antes de fatiar e grelhar.

1. Preaqueça o forno a 200°C. Unte a base de uma fôrma de pão de 20 cm x 10 cm.

2. Misture a aveia, o tomilho, as sementes de abóbora, o kümmel e as sementes de nigela em uma tigela pequena. Em outra tigela, coloque as farinhas, o fermento em pó, o bicarbonato de sódio e ¾ de colher (chá) de sal. Mexa bem para aerar, acrescente a beterraba ralada e a mistura de aveia, deixando apenas 1 colher (sopa) reservada. Não mexa: apenas reserve.

3. Em outra tigela, bata os ovos, o óleo de girassol, o *sour cream*, o mel e o parmesão. Despeje sobre a mistura de farinha e beterraba e misture com uma espátula. Acrescente o queijo de cabra e incorpore com cuidado, tentando não quebrar os pedaços.

4. Despeje tudo na fôrma untada e polvilhe a colher (sopa) restante da mistura de aveia por cima. Asse por 40 minutos, cubra bem com papel-alumínio e deixe por mais 40 minutos. Um palito inserido no meio não deve sair completamente limpo, tampouco deve ficar úmido. Retire do forno e espere 5 minutos antes de desenformar e colocar sobre uma grade de resfriamento, com as sementes para cima. A casca deve estar crocante e escura. Deixe esfriar por no mínimo 20 minutos antes de fatiar.

Pão de milho com cheddar, feta e jalapeño

Esta é uma ótima receita para pôr na mesa direto do forno, ainda quente. É um pão que se segura sozinho — de tão delicioso que é —, mas que também pode acompanhar tiras de bacon e uma salada de avocado. Fica melhor quando comido no dia, mas dura até o seguinte — basta esquentar no forno. Ainda congela bem, por até 1 mês. Se não tiver espigas, use 150 g de milho fresco congelado.

1. Preaqueça o forno a 190°C.

2. Leve ao fogo alto uma frigideira de ferro fundido de cerca de 28 cm de diâmetro e que possa ir ao forno. Quando estiver quente, acrescente o milho e deixe fritar por 4 a 5 minutos, mexendo de vez em quando, até dourar. Tire da frigideira e deixe esfriar.

3. Peneire a farinha, o fermento em pó, o bicarbonato de sódio, o cominho e a pimenta-caiena em uma tigela grande. Acrescente o açúcar, 1½ colher (chá) de sal e uma pitada generosa de pimenta. Mexa e reserve.

4. Coloque a polenta, o *sour cream*, os ovos e 120 ml de azeite em outra tigela e bata levemente. Acrescente aos ingredientes secos, inclua a cebolinha, o coentro, o jalapeño e o milho e misture.

5. Use 1 colher (sopa) de azeite para untar levemente a base e as laterais da frigideira usada para tostar o milho, despeje a mistura e inclua os ingredientes da cobertura. Asse por 40 a 45 minutos, até que um palito saia limpo. Sirva o pão quente, recém-saído do forno, ou deixe esfriar por 30 minutos e sirva morno ou em temperatura ambiente no mesmo dia. Se for consumir no dia seguinte, aqueça no forno pouco antes.

Serve 10 a 12

2 espigas de milho pequenas, com os grãos raspados (150 g)
140 g de farinha de trigo
1 colher (chá) de fermento em pó
½ colher (chá) de bicarbonato de sódio
1 colher (sopa) de cominho em pó
1 colher (chá) de pimenta-caiena
50 g de açúcar mascavo
180 g de polenta instantânea
360 g de *sour cream* (para receita caseira, ver p. 10)
2 ovos grandes
135 ml de azeite
4 cebolinhas com bulbo grosseiramente picadas
10 g de folhas de coentro picadas
1 pimenta jalapeño fresca, bem picada
sal e pimenta-do-reino

PARA A COBERTURA
100 g de queijo feta quebrado
100 g de queijo cheddar maturado, ralado grosso
1 pimenta jalapeño fresca, cortada em rodelas finas
½ cebola-roxa, cortada em rodelas de 0,5 cm
2 colheres (chá) de sementes de nigela

Bolinho de ervilha, feta e *zaatar*

Rende 25 a 30, para servir 6

500 g de ervilha congelada, descongelada

120 g de ricota

3 ovos grandes, batidos

1 limão-siciliano: rale a casca fino até obter 1 colher (chá), então corte em 6 cunhas, para servir

2 colheres (sopa) de *zaatar*

100 g de farinha de trigo

1½ colher (chá) de fermento em pó

20 g de folhas de hortelã bem picadas

200 g de queijo feta quebrado em pedaços de 2 cm

cerca de 800 ml de óleo de girassol, para fritar

sal e pimenta-do-reino

Este prato inclui meus ingredientes preferidos: ervilha, ricota, zaatar e feta. Acrescente as palavras "bolinho" e "fritura" e já estou ao pé do fogão, para comer direto da frigideira, quente e crocante. Para aqueles mais controlados, os bolinhos também ficam gostosos em temperatura ambiente, embora percam um pouco da crocância. A massa pode ser feita antes e mantida na geladeira por 1 dia; mas acrescente o fermento em pó e a hortelã só na hora de fritar.

Já servi estes bolinhos com uma cunha de limão-siciliano para espremer em cima, mas, se quer um sabor diferente, faça um molhinho para substituí-lo (ou acompanhá-lo). Misture 300 g de sour cream com 10 g de folhas de hortelã picadas, 2 colheres (chá) de hortelã seca, ½ colher (chá) de raspas finas de limão-siciliano e ¼ de colher (chá) de sal.

1. Coloque a ervilha em um processador de alimentos e pulse algumas vezes até que estejam grosseiramente esmagadas. Transfira para uma tigela grande, junte a ricota, os ovos, as raspas de limão-siciliano, ¾ de colher (chá) de sal e uma boa pitada de pimenta. Misture bem, acrescente o *zaatar*, a farinha e o fermento em pó e misture novamente. Adicione com cuidado a hortelã e o feta, para que o queijo não quebre.

2. Despeje o óleo em uma panela média e leve ao fogo médio-alto. Quando estiver quente, use 2 colheres (sobremesa) para formar bolinhos redondos ou ovalados com a mistura: não se preocupe com a uniformidade, mas garanta que tenham cerca de 4 cm de largura. Coloque-os com cuidado no óleo — 6 ou 7 por vez — e frite por 3 a 4 minutos, virando uma vez, até que estejam cozidos e dourados. Se estiverem fritando rápido e escurecendo demais, reduza o fogo para garantir que o recheio cozinhe. Com uma escumadeira, transfira para um prato com papel-toalha e prossiga com o restante dos bolinhos. Sirva quentes, com uma cunha de limão-siciliano.

Brunch

Bolinho de ervas iraniano

Rende 8, para servir 4 a 8 (dependendo de como vai ser consumido: puro, 2 unidades por pessoa; ou como sanduíche dentro do pão sírio, 1 unidade por pessoa)

40 g de endro bem picado

40 g de folhas de manjericão bem picadas

40 g de folhas de coentro bem picadas

1½ colher (chá) de cominho em pó

50 g de migalhas de pão fresco (cerca de 2 fatias, com casca, se mole)

3 colheres (sopa) de bérberis (ou groselha, ver p. 301)

25 g de nozes em metades, levemente torradas e grosseiramente picadas

8 ovos grandes batidos

60 ml de óleo de girassol, para fritar

sal

Estes bolinhos podem ser comidos sem acompanhamento, em temperatura ambiente, ou servidos com tahine verde e mais algumas ervas. Se quiser fazer o molhinho, coloque no liquidificador 50 g de tahine, 30 g de salsinha, ½ dente de alho amassado, 2 colheres (sopa) de sumo de limão-siciliano e ⅛ de colher (chá) de sal. Bata tudo por 30 segundos e inclua 125 ml de água. Adicionar pouca água permite que a salsinha prevaleça e o molho fique tão verde quanto possível. Fica uma delícia em cima de todo tipo de coisa — de carne ou peixe grelhados a vegetais assados, por exemplo —, então dobre ou triplique a receita e mantenha na geladeira. Dura cerca de 5 dias. Você pode usar um pouco de água ou limão-siciliano espremido para que volte à consistência original.

Estes bolinhos aceitam quaisquer ervas que tiver na geladeira. Desde que mantenha o peso total e não use apenas uma, vai ficar ótimo. A massa crua pode ser mantida 1 dia na geladeira.

Você também pode fazer um sanduíche de pão sírio com condimentos: a combinação iogurte, molho de pimenta, picles e tahine funciona bem. Nesse caso, calcule um bolinho por pessoa, em vez de dois.

1. Coloque todos os ingredientes, exceto o óleo, em uma tigela grande com ½ colher (chá) de sal. Misture bem e reserve.

2. Coloque 2 colheres (sopa) de óleo em uma frigideira grande e antiaderente e leve ao fogo médio-alto. Quando estiver quente, despeje conchas de massa nela. Frite 4 bolinhos por vez, se possível — cada um deles deve ter cerca de 12 cm de largura. Frite por 1 a 2 minutos de cada lado, até que fique crocante e dourado. Transfira para um prato com papel-toalha e reserve enquanto prossegue com o restante da massa.

3. Sirva quente ou em temperatura ambiente.

Vegetais crus

Vegetais crus

Sopa fria de pepino, couve-flor e gengibre

Serve 4

4 ramos de hortelã fresca

1 pedaço de gengibre de 12 cm, sem casca: ⅔ ralado grosso e o restante cortado em fatias finas, com cerca de 3 mm de espessura (90 g)

½ couve-flor pequena, em floretes de 2 cm (350 g)

3 pepinos grandes ou 8 pequenos, sem casca, sem sementes e grosseiramente picados (650 g)

1 dente de alho amassado

500 g de iogurte grego

2 colheres (sopa) de sumo de limão-siciliano

60 ml de azeite

70 g de amêndoa laminada

2 colheres (chá) de hortelã seca

sal e pimenta branca

O gazpacho está tão disseminado como a sopa fria do verão que acabamos esquecendo outras opções. Esta é uma alternativa refrescante e cheia de texturas. Se encontrar pepino libanês à venda, aproveite. Eles são menores e mais firmes. Como têm muito menos água, também são mais saborosos.

Esta sopa dura 2 dias na geladeira. A amêndoa deve ser tostada e acrescentada imediatamente antes de servir.

1. Coloque 800 ml de água em uma panela média e acrescente os ramos de hortelã fresca, as fatias de gengibre e 2 colheres (chá) de sal. Deixe ferver, acrescente a couve-flor e escalde por 2 a 3 minutos, até que esteja cozida al dente. Escorra e reserve. A hortelã e o gengibre podem ser descartados.

2. Em um liquidificador ou processador de alimentos, junte o pepino, o gengibre ralado, o alho, o iogurte, o sumo de limão-siciliano, 1 colher (chá) de sal e ½ colher (chá) de pimenta branca. Bata até ficar homogêneo e leve à geladeira por ao menos 1 hora.

3. Aqueça o azeite em uma panela pequena em fogo médio e junte a amêndoa. Cozinhe por 3 a 4 minutos, mexendo com frequência, até que a amêndoa esteja levemente dourada. Transfira para outra tigela e inclua a hortelã seca. Acrescente uma pitada de sal e deixe esfriar.

4. Na hora de servir, divida os floretes de couve-flor em quatro tigelas e despeje a sopa fria por cima. Ponha a mistura de amêndoa no topo e sirva.

Carpaccio de tomate com molho de cebolinha e gengibre

Como sempre acontece em pratos com tomate, em particular quando eles são servidos crus, tudo gira em torno da qualidade dos ingredientes. O tomate precisa estar bem maduro e doce, e o vinagre de xerez precisa ser da melhor qualidade. Dobre ou triplique o molho, se quiser: fica uma delícia com tudo — frango assado, por exemplo, ou em uma torrada com mozarela ou avocado (ou ambos) — e pode ficar na geladeira por até 5 dias. Quando montado, este prato pode permanecer na geladeira por até 6 horas, mas deixe que volte à temperatura ambiente antes de servir. Obrigado a Ixta Belfrage por ter visto este prato na mesa ao lado em um restaurante em Chinatown e ficar intrigada o bastante para pedir também.

1. Coloque o gengibre e ½ colher (chá) de sal marinho em um pilão e esmague até formar uma pasta fina. Transfira para uma tigela com a cebolinha e mexa bem.

2. Coloque o óleo em uma panela pequena e leve ao fogo baixo até aquecer, sem deixar ficar quente demais. Derrame sobre a cebolinha e acrescente 1 colher (chá) de vinagre. Mexa e reserve.

3. Disponha o tomate em uma travessa grande, com as fatias levemente sobrepostas. Tempere com ¼ de colher (chá) de sal e a colher (chá) de vinagre restante. Espalhe o molho de gengibre e cebolinha uniformemente sobre o tomate (ou use as mãos para um efeito melhor), polvilhe a pimenta e o coentro e finalize com o azeite.

Serve 4 como acompanhamento

- **1 pedaço de gengibre de 3 cm,** sem casca e grosseiramente picado (10 g)
- **3 cebolinhas com bulbo,** em fatias bem finas (45 g)
- **40 ml de óleo de girassol** (ou outro óleo mais leve)
- **2 colheres (chá) de vinagre de xerez de boa qualidade**
- **400 g de tomate-caqui** (cerca de 2, dependendo do tamanho), em fatias de 2 mm de espessura
- **¼ de pimenta dedo--de-moça verde,** sem sementes e bem picada
- **1½ colher (sopa) de coentro bem picado**
- **1 colher (sopa) de azeite**
- **sal marinho em flocos**

Vegetais crus

Raita de pepino e tomate

A pasta de pimenta dura 3 dias em um pote com tampa na geladeira. Depois de montada, pode ficar na geladeira por até 2 dias.

Serve 4 generosamente

- **200 g de iogurte grego sem açúcar**
- **10 g de folhas de hortelã** bem picadas
- **1 colher (sopa) de sumo de limão-siciliano**
- **2 colheres (chá) de cominho em grãos,** torrado e bem esmagado
- **1 pepino grande (ou 3 a 4 pequenos),** sem sementes, com casca e cortado em cubos de 1 cm (300 g)
- **½ cebola** bem picada (75 g)
- **200 g de tomate-cereja** cortado em quartos
- sal

PASTA DE PIMENTA VERDE
- **2 limões-sicilianos pequenos em conserva,** sem sementes, com casca e polpa grosseiramente picadas (50 g)
- **2 pimentas dedo-de-moça verde,** sem sementes e picadas
- **2 dentes de alho** amassados
- **2½ colheres (sopa) de azeite**

1. Coloque todos os ingredientes da pasta de pimenta em um processador de alimentos, com ¼ de colher (chá) de sal. Bata até formar uma pasta grossa e reserve.

2. Coloque o iogurte em uma tigela e bata com a hortelã, o sumo de limão-siciliano, 1 ½ colher (chá) de cominho e ⅛ de colher (chá) de sal. Acrescente o pepino, a cebola e o tomate e mexa devagar. Transfira para uma travessa rasa e cubra com a pasta de pimenta. Mexa levemente, polvilhe com ½ colher (chá) de cominho e sirva a seguir.

Foto à direita, com o Purê de feijão-verde com pasta de pimentão (p. 107)

Salada de abobrinha, nozes e tomilho

O azeite de alho pode ser feito antes e mantido por 3 dias em temperatura ambiente. A abobrinha começa a soltar água assim que o sal é acrescentado, então, se for preparar até 4 a 6 horas antes, tempere e acrescente o sumo de limão-siciliano apenas antes de servir.

Serve 4

2 colheres (sopa) de azeite
10 g de ramos de tomilho
1 limão-siciliano: tire cerca de 6 lascas finas da casca, então esprema até obter 2 colheres (sopa) de sumo
1 dente de alho, com casca e esmagado com o lado chato da faca
4 abobrinhas, em fatias longas e finas, feitas com descascador de legumes ou mandolin (600 g)
60 g de nozes em metades grosseiramente picadas
15 g de manjericão grosseiramente picado
sal e pimenta-do-reino

1. Coloque o azeite, o tomilho, a casca de limão-siciliano e o alho em uma panela pequena. Leve ao fogo baixo e deixe esquentar e macerar por 8 minutos, até que o azeite fique aromático e o alho, o limão-siciliano e o tomilho comecem a dourar. Desligue o fogo e deixe esfriar. Em seguida, coe o azeite para uma tigela grande. Remova as folhas de tomilho dos ramos e acrescente ao azeite. Descarte o limão-siciliano e o alho.

2. Acrescente a abobrinha, as nozes, o sumo de limão-siciliano, ⅓ de colher (chá) de sal e pimenta ao azeite. Misture os ingredientes por 1 minuto — a abobrinha vai quebrar um pouco —, então acrescente o manjericão e sirva a seguir.

Vegetais crus

Salada de tomate e pão com anchova e alcaparra

Pegue uma variedade de tomates tão grande quanto possível. O choque de cores é bem-vindo. Eu comeria esta salada todos os dias durante o verão, pura ou com um filé de atum como acompanhamento.

O pão torrado aguenta por 4 horas, e o tomate pode ficar na geladeira por até 6 horas. Mantenha tudo separado, deixe que volte à temperatura ambiente e monte, acrescentando o manjericão, na hora de servir.

1. Coloque os três primeiros ingredientes em uma panela média, com ½ colher (chá) de sal marinho, e leve ao fogo baixo. Cozinhe lentamente por 10 minutos, mexendo de vez em quando, até que o alho e as anchovas cedam quando amassados com as costas de uma colher. Certifique-se de não esquentar demais o azeite ou o alho vai queimar: se começar a borbulhar, tire do fogo até que esfrie. Depois de 10 minutos, tire a panela do fogo e acrescente os pedaços de pão torrados ao azeite quente. Mexa o pão até estar embebido no azeite e transfira para uma tigela grande. Deixe a anchova e o azeite de alho na panela.

2. Junte o tomate, a casca e o sumo de limão-siciliano, as alcaparras, a salsinha e o manjericão.

3. Na hora de servir, acrescente a mistura de tomate à tigela de pão. Misture tudo com cuidado e sirva. Regue com o restante da anchova e do azeite de alho e finalize com a pimenta em flocos.

Serve 4 a 6

4 dentes de alho amassados

6 filés de anchova conservada no azeite (ou sardinha anchovada em óleo), escorridos e bem picados (cerca de 20 g)

110 ml de azeite

100 g de pão, com casca, em fatias de 2 cm de espessura, ligeiramente torradas, então cortadas em pedaços de 4 cm

500 g de tomate maduro, cortado em pedaços de 4 cm

1 limão-siciliano: rale a casca fino até obter 1 colher (chá), então esprema até obter 2 colheres (chá) de sumo

1 colher (sopa) de alcaparras grosseiramente picadas

5 g de folhas de salsinha bem picadas

5 g de folhas de manjericão bem picadas, mais algumas para servir

1 colher (chá) de pimenta urfa em flocos (ou ½ colher [chá] de pimenta-calabresa em flocos)

sal marinho em flocos

33

Vegetais crus

Salada de tomate, chalota, sumagre e *pinoli*

Serve 4

1 **chalota grande,** em fatias de 1 mm de espessura (70 g)

1½ **colher (sopa) de sumagre**

2 **colheres (chá) de vinagre de vinho branco**

700 g de **tomates variados** (uma mistura de vermelhos, verdes e amarelos de diferentes tamanhos), ou uma única variedade, se não for possível

2 **colheres (sopa) de azeite**

15 g de **folhas de manjericão,** para finalizar

25 g de *pinoli* torrado

sal e pimenta-do-reino

A qualidade dos tomates faz toda a diferença aqui. Selecione os mais maduros e doces que encontrar. Esta é minha salada preferida para o verão, sozinha, com pão para recolher os sucos ou servida como acompanhamento curinga. Pedaços de avocado maduro são uma bela adição.

A chalota pode ser feita no dia anterior e mantida na geladeira. Se quiser adiantar o prato, fatie o tomate até 6 horas antes e guarde na geladeira. Antes de servir, é só acrescentar o azeite, o manjericão, o sal e a pimenta.

1. Coloque a chalota em uma tigela pequena com o sumagre, o vinagre e ⅛ de colher (chá) de sal. Misture com as mãos — a chalota deve incorporar o sumagre — e reserve por 30 minutos, para amolecer.

2. Corte os tomates maiores ao meio no sentido do comprimento e então em cunhas de 1 a 1,5 cm e ponha em uma tigela grande. Se for usar tomate-cereja também, corte só ao meio no sentido do comprimento. Despeje o azeite e misture com cuidado com as folhas de manjericão, ⅓ de colher (chá) de sal e uma pitada generosa de pimenta.

3. Disponha os tomates em uma travessa grande e espalhe a chalota, deixando um pouco do tomate e do manjericão por cima. Polvilhe o *pinoli* e sirva.

Foto à direita, com a Salada de tomate e pepino com tahine e zaatar (p. 36)

Vegetais crus

Salada de tomate e pepino com tahine e *zaatar*

Serve 4 como entrada ou acompanhamento

6 tomates maduros
(vermelhos e doces), cortados em cubos de 1 cm (650 g)

2 minipepinos ou 1 comum, cortados em cubos de 1 cm (300 g)

1 pimentão vermelho, sem sementes e cortado em cubos de 1 cm (150 g)

5 cebolinhas com bulbo, em fatias finas (50 g)

15 g de coentro grosseiramente picado

2 colheres (sopa) de sumo de limão-siciliano

2 colheres (sopa) de azeite

200 g de queijo feta cortado em 4 retângulos (opcional)

4 colheres (sopa) de tahine

2 colheres (chá) de *zaatar*

sal

Acrescentar tahine a uma simples salada de tomate e pepino pode ser uma verdadeira revelação. Escolha uma marca de tahine cremosa e com sabor pronunciado de gergelim. As marcas israelenses, palestinas e libanesas costumam ser assim, ao contrário das gregas e cipriotas, que não são tão gostosas. Este prato funciona muito bem como entrada, com pedaços de feta, ou acompanhando cordeiro ou arroz com lentilha (com ou sem o queijo).

1. Coloque os tomates em uma peneira apoiada sobre uma tigela. Reserve por 20 minutos para que parte do líquido escorra. Transfira os tomates para uma tigela grande (o líquido pode ser descartado ou bebido), acrescente o pepino, o pimentão vermelho, a cebolinha, o coentro, o sumo de limão-siciliano, o azeite e ½ colher (chá) de sal. Misture bem.

2. Na hora de servir, transfira a salada para uma tigela limpa, acrescente o feta (se for usar) e misture com cuidado. Despeje o tahine por cima e finalize com o *zaatar* e mais um pouco de sal.

Salada de alface com molho limpa-geladeira

Serve 4 como acompanhamento

½ **avocado bem maduro,** sem casca (90 g)

1 **pedaço de gengibre de 3 cm,** sem casca e grosseiramente picado (20 g)

1 **dente de alho pequeno,** amassado

2 **limões-sicilianos:** rale a casca fino até obter 1 colher (chá), então esprema até obter 3 colheres (sopa) de sumo

1 **pimenta dedo-de-moça verde** (sem sementes se prefere menos picante) grosseiramente picada

1 **colher (sopa) de tahine**

85 **ml de azeite**

10 **g de folhas de manjericão**

10 **g de folhas de estragão**

10 **g de endro**

10 **g de folhas de salsinha**

10 **g de folhas de coentro**

4 **cabeças de alface-romana ou baby romana,** aparadas embaixo e cortadas no sentido do comprimento em oito (400 g)

2 **colheres (chá) de gergelim preto (ou branco)** ligeiramente tostado

sal

Este prato surgiu como um modo de acabar com as ervas que Tara tinha na geladeira (e ficou tão bom que depois ela comprou tudo de novo para repetir a receita).

Se for fazer o mesmo e limpar a gaveta de vegetais, não precisa se ater muito aos pesos individuais: desde que mantenha o total, deve dar certo.

Dobre a receita do molho se quiser: dura 3 dias na geladeira e fica ótimo com tudo: de salada de frango ou niçoise, por exemplo, a tubérculos e vegetais assados ou uma salada simples de tomate com feta.

Se quiser se adiantar, faça o molho até 3 dias antes e mantenha na geladeira.

1. Coloque o avocado, o gengibre, o alho, as raspas e o sumo do limão-siciliano, a pimenta e o tahine no processador de alimentos com 75 ml de azeite e ⅓ de colher (chá) de sal. Bata até formar uma pasta homogênea e acrescente as ervas. Com o processador ligado, despeje lentamente 60 ml de água até que fique homogêneo.

2. Misture a alface com as 2 colheres (chá) de azeite restantes e ⅛ de colher (chá) de sal. Transfira para uma travessa, regue com o molho e polvilhe com o gergelim.

Vegetais crus

Salada de alface e pepino

Serve 4

5 minipepinos
   (ou 1½ comum) (500 g)
30 g de alface-da-terra
10 g de folhas de hortelã
10 g de folhas de coentro
1 colher (chá) de
   sementes de nigela

MOLHO
1 colher (sopa) de sumo
   de limão-siciliano
1 dente de alho
   pequeno, amassado
1 pedaço de gengibre de
   2 cm, ralado fino (10 g)
20 g de iogurte comum
   sem açúcar
sal marinho em flocos

É fácil se acostumar a fazer sempre o mesmo molho de salada. Variar um pouco — como faço aqui, com o gengibre e o iogurte — pode ser ótimo. Prepare o pepino antes se quiser, mas não coloque o molho até a hora de servir: o sal o faz soltar água, de modo que ele amolece com o tempo. Tudo bem usar pepino comum: é só cortar e descartar o miolo mais úmido antes de fatiar. Fica ótimo com tudo: cordeiro assado, salmão grelhado ou os bolinhos de ervilha e zaatar da p. 20, entre outros pratos.

O molho pode ser feito com 2 dias de antecedência e mantido na geladeira. O pepino pode ser fatiado até 6 horas antes e levado à geladeira depois.

1. Misture todos os ingredientes do molho com ⅓ de colher (chá) de sal marinho e reserve.

2. Divida cada pepino em quartos no sentido do comprimento, então corte cada pedaço diagonalmente, em fatias de 0,5 cm, e coloque em uma tigela grande com a alface-da-terra, a hortelã e o coentro. Misture o pepino, as folhas e o molho com cuidado e disponha em uma travessa rasa. Polvilhe com sementes de nigela e sirva.

Foto à direita, com Salada de pêssego, framboesa e especiarias (p. 41)

Vegetais crus

Salada de melancia, maçã-verde e limão

Este prato se sustenta por si só — é a cara do verão, parece muito elaborado e fica uma delícia —, mas amendoim, pistache ou castanha-de-caju torrados e salgados são uma excelente adição.

Serve 6 como acompanhamento

½ **melancia pequena** (1,3 kg), com a casca e as sementes descartadas e o miolo cortado em palitos de 7 cm de comprimento e 0,5 cm de espessura (600 g)

2 **maçãs-verdes,** sem miolo e cortadas em palitos de 7 cm de comprimento e 0,5 cm de espessura (250 g)

3 **limões-taiti:** rale a casca fino até obter 2 colheres (chá), então esprema até obter 3 colheres (sopa) de sumo

1 **colher (sopa) de azeite**

2 **talos de capim-limão,** aparados, com as folhas mais escuras externas descartadas e bem picados (10 g)

5 g **de folhas de hortelã**

10 g **de folhas de coentro**

½ **colher (sopa) de sementes de mostarda escura,** ligeiramente tostadas

sal marinho em flocos

1. Misture a salada pouco antes de servir para não ficar úmida demais. Em uma tigela grande, coloque a melancia, a maçã, as raspas e o sumo de limão, o azeite e o capim-limão com ¾ das ervas e ¾ de colher (chá) de sal marinho. Usando as mãos como uma peneira, monte a salada em uma travessa. Vai sobrar bastante suco no fundo da tigela: descarte. Espalhe o restante das ervas, polvilhe com sementes de mostarda e ¼ de colher (chá) de sal marinho e sirva a seguir.

Foto acima, à direita

Vegetais crus

Salada de pêssego, framboesa e especiarias

Você não quer que esta salada fique doce demais, então evite usar pêssegos maduros. Ela tem a cara do verão e fica ótima com churrasco, com as frutas complementando e cortando o sabor de todo tipo de carne. A combinação com barriga de porco cozida lentamente é uma das melhores.

Serve 4 como acompanhamento

1½ colher (sopa) de vinagre de maçã	100 g de framboesa
1 colher (chá) de *maple syrup*	3 pêssegos firmes, cortados ao meio, sem caroço, depois em cunhas de 0,5 cm (290 g)
¼ de colher (chá) de tempero cinco especiarias chinesas	40 g de agrião
1 colher (sopa) de azeite	½ radicchio pequeno, cortado em fatias largas de 2 cm (50 g)
1 chalota, em fatias finas (20 g)	sal

1. Em uma tigela grande, misture os primeiros cinco ingredientes com ⅓ de colher (chá) de sal. Acrescente a framboesa, esmagando levemente com as costas de um garfo, e junte o restante dos ingredientes. Misture bem e sirva.

Foto abaixo, à esquerda

Burrata com uvas grelhadas e manjericão

Burrata — que significa "amanteigado" em italiano — é um dos maiores prazeres da vida. O exterior é de uma mozarela firme, enquanto o interior é uma mistura branda de queijo stracciatella e creme de leite. A combinação é tão boa como seria de esperar. Burratas podem acompanhar todo tipo de sabor — frutas ou caldo cítrico, caramelo de balsâmico, rúcula, especiarias torradas. Aqui, são montados espetinhos de uvas vermelhas para grelhar: um método ao mesmo tempo simples e capaz de impressionar. Se quiser se adiantar, marine as uvas na geladeira por até 1 dia antes de grelhar. Se não encontrar burrata, use mozarela de búfala em bolas.

1. Coloque as uvas em uma tigela média com o vinagre, o azeite, o alho, o açúcar, 1 colher (chá) de sementes de erva-doce, ¼ de colher (chá) de sal marinho e bastante pimenta. Misture bem e reserve. Faça espetinhos com 5 ou 6 uvas cada um. Não jogue fora a marinada: você vai precisar dela na hora de servir.

2. Leve uma grelha ao fogo alto e deixe a cozinha bem ventilada. Quando estiver quente, acrescente os espetinhos de uva em levas e grelhe por cerca de 2 a 3 minutos, virando na metade do tempo. Desligue o fogo.

3. Na hora de servir, rasgue cada burrata na metade e disponha em dois pratos. Apoie os espetos nela — 2 por porção — e regue o queijo com 1½ colher (chá) da marinada. Você também pode servir tudo em uma travessa. Polvilhe com o restante das sementes de erva-doce, decore com um ramo de manjericão e sirva.

Serve 6 como entrada generosa

cerca de 320 g de uva vermelha sem sementes

2 colheres (sopa) de vinagre de xerez de qualidade

2 colheres (sopa) de azeite

1 dente de alho amassado

1½ colher (chá) de açúcar mascavo

1½ colher (chá) de sementes de erva-doce, torradas e levemente esmagadas

3 burratas ou mozarela de búfala em bolas grandes (600 g)

6 ramos de manjericão pequenos (5 g), para servir

sal marinho em flocos e pimenta-do-reino

Vegetais crus

Tabule de couve-flor

Serve 6

1 couve-flor grande (800 g)

75 ml de sumo de limão-siciliano (cerca de 3 limões)

7 cebolinhas com bulbo bem picadas (70 g)

50 g de salsinha grosseiramente picada

25 g de endro grosseiramente picado

20 g de hortelã grosseiramente picada

1 colher (chá) de pimenta-da-jamaica em pó

3 colheres (chá) de azeite

100 g de sementes de romã (cerca de ½ romã)

sal e pimenta-do-reino

Se for dobrar ou triplicar a receita, divida a couve-flor em floretes e coloque no processador de alimentos (em vez de ralar na mão). Pulse algumas vezes até chegar a pedacinhos, mas não exagere, ou a couve-flor vira purê. Pistache torrado e grosseiramente picado pode ser usado no lugar das sementes de romã (ou junto com elas), se quiser que fique mais crocante.

1. Pegue a couve-flor pelo talo e rale grosseiramente os floretes e talos menores. (Para acelerar o processo, você também pode usar um processador de alimentos com a lâmina mais grossa.) Ela deve ficar parecendo triguilho e pesar cerca de 700 g. O talo pode ser fatiado fino e acrescentado a outras saladas.

2. Disponha a couve-flor ralada em uma tigela grande com o sumo de limão-siciliano e 1 ¼ colher (chá) de sal. Deixe marinar por 20 minutos, então acrescente a cebolinha, as ervas, a pimenta-da-jamaica, o azeite e uma pitada generosa de pimenta. Misture com cuidado, transfira para uma travessa ou tigela, polvilhe as sementes de romã por cima e sirva em seguida.

Vegetais crus

Salada de cebolinha e ervas

Esta receita fica ótima com todo tipo de carne: é tão verde e cheia de ervas quanto um frango assado exige (ver p. 227) e cítrica e refrescante o bastante para combinar com cordeiro assado lentamente (ver p. 215) ou almôndegas (ver p. 220).

Se possível, use minipepinos: eles contêm muito menos água que a versão comum. Se optar pelos maiores, não há problema: corte ao meio no sentido do comprimento, remova o miolo com as sementes e siga em frente com a receita.

O molho pode ser feito no dia anterior. Prepare a salada até 4 a 6 horas antes, mas adicione as ervas e o sal apenas na hora de servir.

1. Para fazer o molho, coloque o gengibre em um pilão e esmague até formar uma pasta grosseira. Misture com o sumo de limão-siciliano, o azeite e ¼ de colher (chá) de sal e reserve.

2. Coloque todos os ingredientes para a salada em uma tigela grande. Acrescente o molho, misture bem e sirva.

Serve 6 como acompanhamento

8 a 10 cebolinhas com bulbo, cortadas em quartos no sentido do comprimento e bem picadas (150 g)

2 minipepinos (ou 1 pepino comum), sem casca e cortados em cubos de 1 cm (150 g)

1 pimentão verde, cortado ao meio no sentido do comprimento, sem sementes e em cubos de 1 cm (150 g)

15 g de folhas de hortelã bem picadas

15 g de coentro grosseiramente picado

½ colher (chá) de sementes de nigela

sal

MOLHO

1 pedaço de gengibre de 4 cm, sem casca e bem picado (25 g)

2 colheres (sopa) de sumo de limão-siciliano

2½ colheres (sopa) de azeite

Vegetais cozidos

Vegetais cozidos

Sopa de coco com lentilha, tomate e curry

Serve 4

2 colheres (sopa) de óleo de coco (ou óleo de girassol)

1 cebola bem picada (160 g)

1 colher (sopa) de curry em pó

¼ de colher (chá) de pimenta-calabresa em flocos

2 dentes de alho amassados

1 pedaço de gengibre de 4 cm, sem casca e bem picado (30 g)

150 g de lentilha vermelha, lavada e escorrida

400 g de tomate em cubos enlatado

25 g de talos de coentro grosseiramente picados, mais 5 g de folhas, para decorar

400 ml de leite de coco

sal e pimenta-do-reino

Gosto da textura mais grossa desta sopa, com a lentilha mantendo a forma e o coentro ainda distinto, mas você também pode bater antes de servir, se preferir que fique homogênea. A sopa pode ser feita 4 dias antes se for mantida na geladeira e com antecedência de até 1 mês se for para o congelador.

Talos de coentro com frequência são jogados fora, mas não deveriam: têm a textura da cebolinha e o gosto (claro) do coentro. Sirva com cunhas de limão-taiti, se quiser, para um toque cítrico.

1. Coloque o óleo de coco em uma panela média e leve ao fogo médio-alto. Acrescente a cebola e refogue por 8 minutos, mexendo com frequência, até amolecer e caramelizar. Adicione o curry em pó, a pimenta-calabresa em flocos, o alho e o gengibre e continue a refogar por 2 minutos, mexendo sempre. Inclua a lentilha, deixe por 1 minuto, então acrescente o tomate, os talos de coentro, 600 ml de água, 1 colher (chá) de sal e uma pitada muito generosa de pimenta.

2. Despeje o leite de coco em uma tigela e bata levemente até ficar cremoso. Reserve 4 colheres (sopa) — você vai precisar para servir — e acrescente o restante à sopa. Deixe ferver, então reduza para fogo baixo e deixe cozinhar por 25 minutos, até a lentilha amolecer, mas sem perder a forma. Adicione um pouco mais de água — 100 ml a 150 ml — se precisar afinar a sopa.

3. Divida em quatro tigelas, regue com o leite de coco reservado, polvilhe com folhas de coentro e sirva.

Foto na dupla de páginas anterior

Sopa de abobrinha, ervilha e manjericão

Uma versão ligeiramente mais pesada desta sopa — feita com caldo de galinha e coberta com cubinhos de presunto ou pancetta fritos — também fica deliciosa.

O segredo para manter a sopa tão verde e vibrante é não cozinhar demais. Ao acrescentar a ervilha e o manjericão, retire a panela do fogo e bata. Isso pode ser feito 3 dias antes se for manter na geladeira e com antecedência de até 1 mês se for congelar.

1. Coloque o azeite em uma panela bem grande e leve ao fogo médio-alto. Acrescente os dentes de alho inteiros e refogue por 2 a 3 minutos, mexendo com frequência até dourar. Adicione a abobrinha, 2 colheres (chá) de sal e bastante pimenta-do-reino e continue refogando por 3 minutos, mexendo sempre, até começar a dourar. Despeje o caldo e 500 ml de água, deixando ferver em fogo alto. Cozinhe por 7 minutos, até a abobrinha amolecer, mas continuar bem verde.

2. Acrescente a ervilha, deixe por 1 minuto, então ponha o manjericão. Desligue o fogo e, usando um mixer ou liquidificador, bata até obter uma sopa homogênea e bem verde.

3. Na hora de servir, distribua em oito tigelas e cubra com o feta e as raspas de limão-siciliano. Finalize com uma pitada generosa de pimenta-do-reino e um fio de azeite.

Serve 8

75 ml de azeite, e mais para servir

1 cabeça de alho, dentes separados e sem casca

cerca de 6 abobrinhas, picadas em fatias grossas de 3 cm (1,3 kg)

1 litro de caldo de legumes

500 g de ervilha congelada

50 g de folhas de manjericão

200 g de queijo feta, quebrado em pedaços de 1 a 2 cm

1 limão-siciliano: rale a casca fino até obter 1 colher (chá)

sal e pimenta-do-reino

Foto na dupla de páginas anterior

Vegetais cozidos

Sopa de abóbora, açafrão e laranja

Há toda uma variedade de abóboras disponíveis no mercado. Experimente os diferentes tipos. As de consistência mais firme são boas para sopas, mas também é possível usar as mais fibrosas e com mais água.

Você pode fazer a sopa e as sementes de abóbora tostadas antes: a sopa dura 3 dias na geladeira ou 1 mês no congelador, e as sementes duram 1 semana em um pote seco e selado. Dobre ou triplique as quantidades para tostar as sementes de abóbora: são ótimas para polvilhar sobre sopas, saladas ou vegetais assados.

Serve 4 a 6

60 ml de azeite

2 cebolas, cortadas ao meio e depois em fatias de 2 a 3 cm (350 g)

1,2 kg de moranga ou abóbora, sem casca e sem sementes, cortada em cubos de 3 cm (1 kg)

1 litro de caldo de legumes

2 colheres (sopa) de *harissa* **rosa** (ou 50% mais ou menos, dependendo do tipo, ver p. 301) (30 g)

¼ de colher (chá) de açafrão em estigmas

1 laranja: rale a casca fino até obter 1 colher (chá)

180 g de creme de leite fresco

5 g de folhas de coentro picadas, para servir

sal e pimenta-do-reino

SEMENTES DE ABÓBORA TOSTADAS

80 g de sementes de abóbora

2 colheres (chá) de *maple syrup*

¼ de colher (chá) de pimenta-calabresa em flocos

54 Foto à direita e na p. 50

Vegetais cozidos

1. Preaqueça o forno a 190°C.

2. Junte os ingredientes para as sementes de abóbora tostadas em uma tigela pequena, com ¼ de colher (chá) de sal. Espalhe em uma assadeira pequena e forrada com papel-manteiga e asse por 15 minutos, até as sementes estourarem e começarem a dourar. Deixe esfriar e então quebre em pedaços pequenos.

3. Aumente a temperatura do forno para 240°C.

4. Coloque o azeite, a cebola e a abóbora em uma tigela grande com ¾ de colher (chá) de sal e um bom punhado de pimenta-do-reino. Misture bem e transfira para uma assadeira grande e forrada com papel-manteiga. Asse por 25 minutos, até amolecer e caramelizar. Retire do forno e reserve.

5. Em uma caçarola grande, junte o caldo, a *harissa*, o açafrão, as raspas de laranja, ½ colher (chá) de sal e um bom punhado de pimenta-do-reino. Deixe em fogo alto e, quando ferver, adicione com cuidado a abóbora assada e as cebolas, assim como o azeite que sobrar na assadeira. Deixe cozinhar em fogo baixo por 5 minutos. Desligue o fogo, inclua o creme de leite e bata com um mixer (ou no liquidificador, se não tiver) até ficar homogêneo.

6. Sirva cada porção com sementes de abóbora tostadas e coentro picado por cima.

Vegetais cozidos

Abobrinha no vapor com alho e orégano

Serve 4

800 g de abobrinha, com as pontas aparadas

250 ml de caldo de legumes ou galinha

4 dentes de alho cortados em lâminas

20 ramos de orégano (20 g)

2 colheres (sopa) de azeite

sal marinho em flocos

Tente selecionar abobrinhas tão pequenas e jovens quanto possível: ficam maravilhosamente macias quando feitas no vapor. Adoro alho cru em lâminas, mas se não lhe agradar acrescente apenas as folhas de orégano refogadas.

Esta receita serve tanto como uma entrada simples e delicada quanto como acompanhamento de outros antepastos e pão.

1. Preaqueça o forno a 220°C.

2. Se as abobrinhas forem bem pequenas, mantenha-as inteiras, mas, no caso das maiores, corte em quartos no sentido do comprimento e disponha com o lado cortado para cima em uma travessa de cerâmica alta com cerca de 27 cm x 22 cm. Devem caber todas lado a lado.

3. Despeje o caldo em uma panela pequena com metade do alho e do orégano. Deixe ferver. Polvilhe a abobrinha com ¾ de colher (chá) de sal marinho e derrame o caldo fervente por cima. Cubra bem com papel-alumínio e asse por 45 minutos, até que a abobrinha esteja bem macia. Tire do forno e deixe esfriar um pouco.

4. Separe as folhas de orégano e descarte os talos. Coloque o azeite em uma frigideira pequena e leve ao fogo médio-alto. Quando estiver quente, acrescente as folhas e refogue por cerca de 90 segundos, até ficar crocante. Desligue o fogo e transfira para uma tigela pequena.

5. Na hora de servir, retire a abobrinha do caldo quente e divida em pratos individuais ou disponha em uma travessa. Regue com o azeite com as folhas de orégano e acrescente ½ colher (chá) de sal marinho. Polvilhe com o restante das lâminas de alho e sirva.

Foto a seguir

Vegetais cozidos

Abobrinha ao murro

Esta receita fica ótima sozinha (ou com uma colherada de iogurte), como antepasto ou acompanhando cordeiro ou frango. Se possível, escolha aquelas abobrinhas mais pálidas cujo formato lembra uma pera (como as do Oriente Médio): a casca é mole, então é mais fácil esmagar e comer.

O prato pode ser feito até 1 dia antes. Mantenha na geladeira e acrescente as ervas e o limão-siciliano somente na hora de servir.

1. Preaqueça o forno a 220°C.

2. Coloque a abobrinha em uma tigela com a hortelã seca, o tomilho, o azeite, ¾ de colher (chá) de sal e um pouco de pimenta-do-reino. Misture e transfira para uma assadeira média: você quer as abobrinhas em uma única camada, com o lado cortado para cima e levemente sobrepostas. Asse por 15 minutos, acrescente os dentes de alho e asse por mais 15 minutos, até a abobrinha amolecer e ganhar cor. Transfira tudo para um escorredor (sobre uma tigela ou a pia), pressionando a abobrinha para que solte um pouco de água. Reserve por no mínimo 30 minutos para esfriar, descartando o líquido escorrido.

3. Transfira o conteúdo do escorredor para uma tigela e esprema os dentes de alho para fora da casca (que então pode ser descartada). Amasse tudo com um garfo. Se a casca da abobrinha ainda estiver meio dura, corte grosseiramente com uma faca. Acrescente as folhas de hortelã, o endro e o sumo de limão-siciliano e sirva.

Serve 4

3 abobrinhas grandes, cortadas em pedaços de 6 cm (850 g)

1 colher (chá) de hortelã seca

5 g de folhas de tomilho

70 ml de azeite

1 cabeça de alho, com dentes separados e com casca

2 colheres (sopa) de folhas de hortelã picadas

1½ colher (sopa) de endro picado

1 colher (sopa) de sumo de limão-siciliano

sal e pimenta-do-reino

Foto a seguir

Vegetais cozidos

Abobrinha recheada com molho de *pinoli*

Legumes recheados certamente fariam parte da minha última refeição — eu adoro! Tradicionalmente, sempre dão um pouco de trabalho, mas nesta receita economiza no tempo de preparo sem prejudicar o sabor. Use abobrinhas grandes, se possível: vai ser mais fácil esfregar sem machucá-las, e elas têm o miolo maior para ser recheado. A mistura de abobrinhas verdes e amarelas fica linda, se estiverem ambas disponíveis.

Você pode fazer o recheio 1 dia antes, deixando a abobrinha pronta para ser recheada e cozida.

Serve 2 como prato principal ou 4 como acompanhamento

2 abobrinhas grandes, cortadas ao meio no sentido do comprimento (500 g)
½ dente de alho amassado
1 ovo grande batido
40 g de queijo parmesão (ou pecorino), ralado fino
40 g de pedaços de pão fresco (1 fatia, com ou sem casca)
100 g de tomate-cereja cortado em quartos
1 limão-siciliano grande: rale a casca fino até obter 2 colheres (chá), então esprema até obter 1 colher (sopa) de sumo
4 colheres (sopa) de folhas de orégano bem picadas, mais algumas para servir (5 g)
35 g de *pinoli* ligeiramente tostado
3 colheres (sopa) de azeite
sal

1. Preaqueça o forno a 250°C.

2. Use uma colher de sobremesa para tirar o miolo da abobrinha e deixá-la em forma de canoa. Não remova tudo — as laterais devem ter cerca de 1 cm de espessura e a abobrinha deve manter sua forma. Transfira o miolo para uma peneira, esprema e

Vegetais cozidos

descarte todo o líquido que puder: deve restar cerca de 100 g de abobrinha escorrida. Coloque isso em uma tigela média e junte o alho, o ovo, o parmesão, os pedaços de pão e ¼ de colher (chá) de sal. Use as mãos para esmagar bem os tomates e acrescente-os à tigela com a mistura de abobrinha. Mexa bem e reserve.

3. Em outra tigela, junte as raspas de limão-siciliano, o orégano e o *pinoli*. Junte metade com a mistura de abobrinha e reserve o restante para o molho.

4. Coloque as abobrinhas com a parte oca para cima em uma assadeira ou travessa refratária média. Regue com 1 colher (sopa) de azeite e tempere com ⅛ de colher (chá) de sal. Devolva a mistura às abobrinhas ocas e asse por 15 minutos, até que o recheio esteja cozido e dourado.

5. Enquanto isso, faça o molho. Acrescente o sumo de limão-siciliano, as 2 colheres (sopa) de azeite restantes e ⅛ de colher (chá) de sal à tigela de orégano e *pinoli*. Deixe a abobrinha esfriar um pouco. Despeje o molho em cima, polvilhe com folhas de orégano e sirva.

Vegetais cozidos

Abobrinha e ervilha com ervas e mingau de semolina

Mingau de semolina é uma ótima base para todo tipo de cobertura: fica muito bom com um ragu de carne simples, por exemplo.

1. Coloque a manteiga em uma frigideira grande que tenha tampa e leve ao fogo médio-alto. Quando derreter, acrescente o alho e refogue por 1 a 2 minutos, até começar a dourar. Adicione a abobrinha, ¾ de colher (chá) de sal e um bom punhado de pimenta-do-reino. Cozinhe por 5 minutos, mexendo com frequência, até a abobrinha começar a amolecer. Reduza o fogo para médio-baixo, tampe e cozinhe por 5 minutos. Acrescente a ervilha e esquente por 1 minuto. Desligue o fogo, inclua as ervas e as raspas de limão-siciliano e reserve enquanto faz o mingau.

2. Coloque o leite em uma panela média com 600 ml de água, ¾ de colher (chá) de sal e bastante pimenta-do-reino. Deixe ferver em fogo médio-alto e acrescente a semolina. Mexa sem parar por 3 a 4 minutos, até que fique homogêneo e grosso, como um mingau. Desligue o fogo e misture com 80 g de pecorino.

3. Divida o mingau entre quatro (ou seis) tigelas rasas e cubra com a abobrinha e a ervilha. Finalize com o *pinoli*, o restante do pecorino e um fio de azeite.

Serve 4 a 6

50 g de manteiga sem sal

5 dentes de alho, em fatias finas

6 abobrinhas grandes, aparadas, cortadas ao meio no sentido do comprimento, então bem fatiadas em meias-luas (1,2 kg)

200 g de ervilha congelada, descongelada

25 g de folhas de manjericão grosseiramente picadas

15 g de folhas de estragão

1 limão-siciliano: rale a casca fino até obter 1 colher (chá)

50 g de *pinoli* ligeiramente tostado

1 colher (sopa) de azeite

sal e pimenta-do-reino

MINGAU DE SEMOLINA

600 ml de leite

180 g de farinha de semolina

100 g de pecorino, em lascas finas

Vegetais cozidos

Berinjela assada com anchova e orégano

Serve 4 como acompanhamento

4 berinjelas médias, em rodelas de 2 cm de espessura (1 kg)
100 ml de azeite
20 g de filés de anchova (ou sardinhas anchovadas) conservados no azeite, escorridos e bem picados
1 colher (sopa) de vinagre de vinho branco
1 dente de alho pequeno, amassado
1 colher (sopa) de folhas de orégano
5 g de folhas de salsinha grosseiramente picadas
sal e pimenta-do-reino

A combinação anchova e berinjela pode parecer inusitada, mas funciona. A anchova dá um toque salgado ao prato (mais do que gosto de peixe). Fica ótimo sozinho, sobre uma torrada, mas também funciona como acompanhamento de todo tipo de coisa, de sobras de frango assado a atum selado, por exemplo. Pode ficar na geladeira por até 2 dias, mas deixe que volte à temperatura ambiente antes de servir.

1. Preaqueça o forno a 240°C.

2. Misture a berinjela e ½ colher (chá) de sal em uma tigela grande. Transfira para duas assadeiras grandes e forradas com papel-manteiga e pincele com 70 ml de azeite, de ambos os lados das rodelas. Asse por 35 minutos, até cozinhar e dourar. Retire do forno e deixe esfriar.

3. Em uma tigela pequena, misture bem a anchova, o vinagre, o alho, ⅛ de colher (chá) de sal e ¼ de colher (chá) de pimenta-do-reino. Despeje lentamente as 2 colheres (sopa) de azeite restantes, mexendo bem sem parar até misturar tudo.

4. Na hora de servir, pique bem o orégano e coloque em uma tigela grande com a berinjela e a salsinha. Despeje o molho de anchova por cima e misture com cuidado.

Vegetais cozidos

Berinjela assada com iogurte e curry

Os muitos componentes deste prato podem ser preparados 1 dia antes, caso queira adiantar. Mantenha todos os elementos separados e na geladeira, deixando que voltem à temperatura ambiente antes de montar o prato. Se encontrar folhas frescas de curry, compre. Congele o que sobrar para a próxima vez que precisar usar. Levemente refogadas com 1 colher (sopa) de azeite, são um acréscimo aromático maravilhoso ao prato, polvilhando com sementes de romã antes de servir. Se quiser investir na temática indiana, paparis fritos ficam ótimos por cima. Nesse caso, dispense a amêndoa.

Serve 4 generosamente

3 berinjelas grandes (ou 4 normais) (1,1 kg)
100 ml de óleo de amendoim
200 g de iogurte grego
2 colheres (chá) de curry em pó
¼ de colher (chá) de cúrcuma em pó
1 limão-taiti: rale a casca fino até obter 1 colher (chá), então esprema até obter 2 colheres (chá) de sumo
1 cebola, em fatias finas (150 g)
30 g de amêndoa laminada
½ colher (chá) de cominho em grãos, torrado e levemente esmagado
½ colher (chá) de coentro em grãos, torrado e levemente esmagado
40 g de sementes de romã
sal e pimenta-do-reino

66

Vegetais cozidos

1. Preaqueça o forno a 240°C.

2. Use um descascador de legumes para fazer tiras de cima a baixo da casca da berinjela, deixando-a com listras escuras e claras alternadas, como uma zebra. Corte em rodelas com 2 cm de espessura e coloque em uma tigela grande. Misture bem com 70 ml de óleo, ½ colher (chá) de sal e bastante pimenta-do-reino e espalhe em uma assadeira grande e forrada com papel-manteiga. Asse por 40 a 45 minutos, até dourar, e deixe esfriar.

3. Misture o iogurte com 1 colher (chá) de curry em pó, a cúrcuma, o sumo de limão, uma pitada generosa de sal e um bom punhado de pimenta-do-reino. Reserve na geladeira.

4. Coloque as 2 colheres (sopa) de óleo restantes em uma frigideira grande e leve ao fogo médio-alto. Quando estiver quente, acrescente a cebola e refogue por 8 minutos, mexendo com frequência, até amolecer e dourar. Junte a colher (chá) de curry em pó restante, a amêndoa e uma pitada de sal e mantenha no fogo por 2 minutos, até a amêndoa dourar um pouco.

5. Na hora de servir, disponha as fatias de berinjela em uma travessa grande ou em pratos individuais, levemente sobrepostas. Regue com o molho de iogurte e cubra com a mistura de cebola frita. Polvilhe com o cominho e o coentro em grãos, as sementes de romã e as raspas de limão, então sirva.

Vegetais cozidos

Tomate assado com gengibre, alho e pimenta

Serve 4

75 ml de azeite

**3 a 4 pimentas dedo-de-
-moça,** em rodelas de 0,5
cm de espessura (descarte
as sementes se não quiser
muito picante) (50 g)

8 dentes de alho, em
fatias finas (25 g)

**1 pedaço de gengibre
de 4 cm,** em tiras finas
(30 g)

20 g de talos de coentro
(em pedaços de 4 cm),
mais **5 g de folhas de
coentro,** para finalizar

1 kg de tomate caqui
(4 tomates), em rodelas
de 1 cm de espessura

**1½ colher (chá) de
sementes de mostarda
escura,** ligeiramente
tostadas

**sal marinho em flocos e
pimenta-do-reino**

Esta receita fica uma delícia sozinha ou com pão para molhar no azeite. Também pode ser transformada em uma entrada mais enérgica com burrata ou mozarela ou servida no brunch com ovos mexidos. Se o tomate não estiver bem maduro, polvilhe uma pitadinha de açúcar antes de grelhar. Pode ser feito até 6 horas antes e servido em temperatura ambiente.

1. Preaqueça o forno ou o broiler-grill no fogo alto.

2. Despeje o azeite em uma panela e leve ao fogo médio-alto. Acrescente a pimenta, o alho e o gengibre e refogue com cuidado por 5 minutos, mexendo de vez em quando até o alho começar a dourar. Adicione os talos de coentro e continue a cozinhar por 2 a 3 minutos, até o alho dourar levemente e a pimenta soltar seu aroma. Com uma escumadeira (para preservar o azeite), transfira os ingredientes sólidos para um prato, interrompendo o cozimento. Reserve.

3. Disponha as rodelas de tomate em uma assadeira de 30 cm x 40 cm, sem sobrepor. Pincele com 2 colheres (sopa) do azeite aromatizado e polvilhe com 1½ colher (chá) de sal marinho e uma pitada generosa de pimenta-do-reino. Leve ao forno por 10 a 12 minutos, até o tomate escurecer. Retire do forno, regue com o restante do azeite aromatizado, polvilhe com os temperos preparados e reserve por 10 minutos.

4. Sirva na assadeira ou transfira para uma travessa grande, sobrepondo as rodelas de leve. Espalhe as folhas de coentro e as sementes de mostarda e regue com o azeite e os sucos que restarem na panela.

Vegetais cozidos

Tomate-cereja estourado com iogurte gelado

Serve 4 como entrada ou antepasto

350 g de tomate-cereja
2 colheres (sopa) de azeite
¾ de colher (chá) de cominho em grãos
½ colher (chá) de açúcar mascavo
3 dentes de alho, em fatias finas
3 ramos de tomilho
5 g de orégano fresco: 3 ramos inteiros e as folhas do restante, para servir
1 limão-siciliano: faça 3 tiras finas da casca de uma metade e rale fino a casca da outra metade para obter 1 colher (chá) de raspas
350 g de iogurte grego sem açúcar, gelado
1 colher (chá) de pimenta urfa em flocos (ou ½ colher [chá] de pimenta-calabresa em flocos)
sal marinho em flocos e pimenta-do-reino

Uma das belezas deste prato reside no excitante contraste entre o tomate quente e suculento e o iogurte gelado; então sirva assim que o tomate sair do forno e o iogurte sair da geladeira. O calor do tomate vai fazer o iogurte gelado derreter, então certifique-se de ter pão ou focaccia para acompanhar.

1. Preaqueça o forno a 220°C.

2. Coloque o tomate em uma tigela com o azeite, o cominho, o açúcar, o alho, o tomilho, os ramos de orégano, as tiras de limão-siciliano, ½ colher (chá) de sal e um bom punhado de pimenta-do-reino. Misture bem e transfira para uma assadeira grande o bastante para que os tomates caibam apertadinhos. Asse por 20 minutos, até o tomate começar a estourar e o líquido borbulhar. Coloque o forno no modo grelhar e deixe por 6 a 8 minutos, até o tomate começar a escurecer em cima.

3. Enquanto o tomate assa, misture o iogurte com as raspas de limão-siciliano e ¼ de colher (chá) de sal marinho. Mantenha na geladeira até a hora de servir.

4. Quando o tomate estiver pronto, espalhe o iogurte gelado em uma travessa ou em uma tigela larga e rasa, criando um buraco nele com as costas da colher. Inclua o tomate quente, com os sucos, as tiras de limão-siciliano, o alho e as ervas e finalize com as folhas de orégano e a pimenta-calabresa em flocos. Sirva em seguida, com pão.

Vegetais cozidos

Acelga, espinafre e tomate com amêndoa tostada

Este prato pode ser servido de todo jeito: quente e sozinho, com arroz ou polvilhado com feta. Também fica bom acompanhando frango ou peixe, servido morno ou em temperatura ambiente.

Uma vez cozido, pode ser mantido por até 1 dia na geladeira, deixando voltar à temperatura ambiente ou esquentando antes de servir e acrescentando a amêndoa no último minuto.

Serve 6 como acompanhamento

60 ml de azeite
50 g de amêndoa laminada
½ colher (chá) de páprica
1 ½ colher (chá) de kümmel
2 dentes de alho, em fatias finas
800 g de tomate italiano em lata
500 g de acelga, talos em fatias finas e folhas grosseiramente picadas
130 g de espinafre grosseiramente picado
2 limões-taiti: rale a casca fino até obter 1 colher (chá), então esprema até obter 2 colheres (sopa) de sumo
35 g de hortelã grosseiramente picada
35 g de endro grosseiramente picado
8 cebolinhas com bulbo, picadas em pedaços de 1 cm (80 g)
sal

Vegetais cozidos

1. Leve uma frigideira grande que tenha tampa ao fogo médio com 2 colheres (sopa) de azeite, a amêndoa e a páprica. Deixe por 2 a 3 minutos, até a amêndoa dourar, e transfira para uma tigela, descartando o azeite quando esfriar.

2. Devolva a frigideira ao fogo médio-alto com as 2 colheres (sopa) de azeite restantes. Quando estiver quente, acrescente o kümmel e o alho e deixe por 1 minuto até começarem a chiar e dourar. Junte o tomate, a acelga e ¾ de colher (chá) de sal, amassando o tomate. Tampe a frigideira e continue a cozinhar por 20 minutos, mexendo de vez em quando até a acelga murchar e o tomate se despedaçar. Desligue o fogo, inclua o espinafre, as raspas e o sumo de limão, as ervas e a cebolinha. Sirva com a amêndoa polvilhada em cima.

Brócolis e couve fritos com alho, cominho e limão

Você pode branquear os brócolis e a couve algumas horas antes. Quando estiverem parcialmente cozidos, frios e secos, é hora de terminar de refogar para servir. Com esse preparo antecipado, o prato ficará pronto em pouco mais de 5 minutos.

1. Leve uma panela grande cheia de água com sal ao fogo alto. Quando ferver, acrescente os brócolis e branqueie por 90 segundos. Use uma escumadeira para tirá-los, esfrie em bastante água fria e seque bem. Mantenha a água fervendo e acrescente a couve. Branqueie por 30 segundos, escorra e esfrie. Pressione um pano de prato sobre a couve para tirar tanta água quanto possível e reserve.

2. Coloque o azeite em uma frigideira grande e leve ao fogo alto. Acrescente o alho e o cominho e refogue por cerca de 2 minutos, mexendo de vez em quando, até o alho estar levemente dourado. Use uma escumadeira para remover o alho e reserve. Adicione a couve ao azeite — cuidado, porque pode espirrar no começo — e refogue por 3 a 4 minutos, até as folhas começarem a ficar crocantes. Acrescente os brócolis, metade da pimenta-calabresa em flocos e ¼ de colher (chá) de sal. Cozinhe por 1 minuto e transfira para uma travessa ou um prato grande. Com cuidado, inclua a hortelã e regue com o sumo de limão. Sirva com o restante da pimenta-calabresa em flocos e o alho crocante polvilhado em cima.

Serve 6 como acompanhamento

- **1 brócolis ninja grande,** cortado em floretes de 3 a 4 cm (300 g)
- **350 g de couve-de-folhas,** talos duros descartados (250 g)
- **3 colheres (sopa) de azeite**
- **3 dentes de alho,** em fatias finas
- **½ colher (chá) de cominho em grãos**
- **2 colheres (chá) de pimenta urfa em flocos** (ou 1 colher [chá] de pimenta-calabresa em flocos)
- **10 g de folhas de hortelã** grosseiramente picadas
- **1 colher (sopa) de sumo de limão-taiti**
- **sal**

Vegetais cozidos

Brócolis com shoyu, amendoim e alho

Serve 4 como acompanhamento

3 colheres (sopa) de óleo de amendoim

3 dentes de alho, em fatias finas

1 pedaço de gengibre de 3 cm, sem casca e em tiras finas e uniformes (20 g)

1 laranja, 3 tiras finas da casca

30 g de amendoim torrado e salgado, grosseiramente picado

550 g de brócolis ramosos, aparados e cortados ao meio no sentido da largura se os talos forem grossos

2 colheres (sopa) de shoyu light

1½ colher (chá) de mel

sal

Fica muito bom com (a mesma quantidade de) couve-chinesa no lugar dos brócolis, se preferir. Nesse caso, o tempo no vapor deve ser reduzido para 90 segundos. Pode acompanhar todo tipo de prato — qualquer ave assada, por exemplo, ou arroz branco.

1. Aqueça o óleo em uma panela pequena em fogo médio-alto. Acrescente o alho, o gengibre, a casca de laranja e o amendoim e refogue por 2 a 3 minutos, mexendo com frequência, até que o alho e o amendoim estejam levemente dourados. Transfira para uma tigela pequena (com todo o óleo) para interromper o cozimento e reserve.

2. Encha uma panela grande com água, mas com espaço para colocar o cesto de cozinhar no vapor. Leve ao fogo alto e, quando estiver fervendo, acrescente os brócolis no cesto de vapor. Cozinhe por 4 a 5 minutos. Desligue o fogo, transfira para uma travessa e reserve.

3. Devolva a panela em que refogou o amendoim ao fogo alto — não se preocupe em limpar — e acrescente o shoyu, o mel e ⅛ de colher (chá) de sal. Aqueça por cerca de 1 minuto: deve engrossar e reduzir a cerca de 1½ colher (sopa) de molho. Regue os brócolis com 2 colheres (sopa) da infusão de óleo, junto com o amendoim e aromáticos. Derrame a mistura com shoyu, misture tudo com cuidado e sirva.

Vegetais cozidos

Repolho assado com estragão e pecorino

Serve 4

120 ml de azeite

2 limões-sicilianos: rale a casca fino até obter 2 colheres (sopa), então esprema até obter 2 colheres (sopa) de sumo

2 dentes de alho amassados

2 repolhos coração de boi, folhas externas descartadas, então cortados no sentido do comprimento em oito partes (1 kg)

10 g de folhas de estragão grosseiramente picadas

30 g de pecorino, em lascas

sal e pimenta-do-reino

Este prato deve ser servido em temperatura ambiente para que o pecorino mantenha a textura e o sabor. Fica perfeito acompanhando frango ou vegetais assados, com purê de batata.

1. Preaqueça o forno a 240°C.

2. Em uma tigela pequena, misture bem o azeite, as raspas de limão-siciliano, o alho, ¼ de colher (chá) de sal e um bom punhado de pimenta-do-reino. Reserve 2 colheres (sopa).

3. Coloque o repolho em uma tigela grande e tempere com ⅛ de colher (chá) de sal. Despeje o azeite temperado por cima do repolho (as 2 colheres [sopa] reservadas vão ser usadas depois) e misture bem. Disponha em duas assadeiras forradas com papel-manteiga e asse por 20 a 25 minutos (invertendo as assadeiras na metade do tempo para que ambas passem o mesmo tempo na grade de cima), até que as bordas estejam crocantes e douradas. Transfira o repolho para uma travessa grande e reserve por 5 a 10 minutos para esfriar um pouco.

4. Acrescente o sumo de limão-siciliano às 2 colheres (sopa) da mistura de azeite restante e regue uniformemente o repolho. Espalhe o estragão e o pecorino, acrescente um bom punhado de pimenta-do-reino e sirva.

Foto na p. 98

Vegetais cozidos

Couve marinada na mostarda com aspargo

Esta receita envolve uma marinada, mas você pode fazer até 4 horas antes de servir, se quiser. Só não misture até o último minuto. Edamame em grãos congelado é relativamente fácil de encontrar em supermercados (também chamado de soja verde).

1. Preaqueça o forno a 180°C.

2. Misture ambas as sementes com ½ colher (chá) de *maple syrup*, ⅛ de colher (chá) de sal e um bom punhado de pimenta-do-reino. Espalhe em uma assadeira pequena e forrada com papel-manteiga e asse por 12 minutos, até dourar. Reserve por cerca de 30 minutos: as sementes vão grudar e ficar crocantes conforme esfriam, mas depois podem ser quebradas em pedaços de 2 a 3 cm.

3. Coloque a couve em uma tigela grande com a colher (chá) restante de *maple syrup*, 2 colheres (sopa) de azeite, o vinagre, a mostarda e ¼ de colher (chá) de sal. Misture bem, usando as mãos para massagear a couve por cerca de 1 minuto, até amolecer e incorporar o sabor da marinada. Reserve por ao menos 30 minutos (ou até 4 horas, se quiser adiantar).

4. Coloque a 1 colher (sopa) de azeite restante em uma frigideira grande e leve ao fogo médio-alto. Acrescente os aspargos e ⅛ de colher (chá) de sal e cozinhe por 6 minutos, virando para começar a dourar por inteiro e amolecer. Deixe esfriar e corte em pedaços de 4 cm.

5. Na hora de servir, acrescente os aspargos, o edamame e as ervas à couve e misture bem. Espalhe em uma travessa grande, polvilhe com as sementes e sirva.

Serve 4 a 6

30 g de sementes de girassol

30 g de sementes de abóbora

1½ colher (chá) de *maple syrup*

250 g de couve, talos descartados, folhas rasgadas grosseiramente em pedaços de 4 a 5 cm (200 g)

3 colheres (sopa) de azeite

1½ colher (sopa) de vinagre de vinho branco

2 colheres (chá) de mostarda em grãos

500 g de aspargos, com as pontas aparadas (300 g)

120 g de edamame em grãos congelado, descongelado

10 g de folhas de estragão grosseiramente picadas

5 g de endro grosseiramente picado

sal e pimenta-do-reino

Vegetais cozidos

Aspargo assado com amêndoa, alcaparra e endro

Meu marido faz bastante este prato nos fins de semana. Ele tende a ser um pouco mais generoso com a manteiga nos aspargos — Karl é irlandês e, afinal de contas, para que servem os fins de semana? —, mas mantive as quantidades só um pouco mais controladas aqui.

Serve 4 como acompanhamento

600 g de aspargos, com as pontas aparadas (400 g)

3 colheres (sopa) de azeite

30 g de manteiga sem sal

20 g de amêndoa laminada

30 g de alcaparras, secas em papel-toalha

10 g de endro grosseiramente picado

sal e pimenta-do-reino

1. Preaqueça o forno a 220°C.

2. Misture os aspargos com 1 colher (sopa) de azeite, uma pitada generosa de sal e um bom punhado de pimenta-do-reino. Disponha em uma assadeira grande e forrada com papel-manteiga, bem espaçados, e asse por 8 a 12 minutos (o tempo varia de acordo com a grossura dos talos), até amolecer e começar a dourar. Transfira para uma travessa grande e reserve.

Vegetais cozidos

3. Coloque a manteiga em uma panela pequena e leve ao fogo médio-alto. Quando derreter, acrescente a amêndoa e toste por 1 a 2 minutos, mexendo com frequência, até dourar. Despeje a amêndoa e a manteiga uniformemente sobre os aspargos.

4. Acrescente as 2 colheres (sopa) de azeite restantes à panela e leve ao fogo alto. Quando estiver quente, junte as alcaparras e frite por 1 a 2 minutos, mexendo sempre, até que abram e fiquem crocantes. Com uma escumadeira, remova as alcaparras do azeite e polvilhe por cima dos aspargos, com o endro. Descarte o azeite e sirva morno.

Vegetais cozidos

Couve-toscana com linguiça e conserva de limão-siciliano

Este prato é ótimo de diversas maneiras: pela riqueza da couve-toscana verde-escura, pela surpresa pungente do limão-siciliano em conserva e pelo sabor que a linguiça sempre confere. O resultado pode ser servido sozinho como petisco ou acompanhando todo tipo de carne assada ou grelhada.

1. Coloque o azeite em uma frigideira grande que tenha tampa e leve ao fogo médio-alto. Quando estiver quente, acrescente a linguiça e frite por 3 a 4 minutos, até dourar. Junte o alho e refogue por 1 minuto, até começar a dourar. Inclua a páprica e, com uma escumadeira, tire a linguiça e o alho do azeite e transfira para uma tigela pequena.

2. Acrescente a couve-toscana à frigideira, em três ou quatro levas, misturando-a ao azeite, e adicione 2 colheres (sopa) de água, ¼ de colher (chá) de sal e bastante pimenta-do-reino. Cozinhe por 3 minutos, com tampa, mexendo uma ou duas vezes para ajudar as folhas a murchar. Tire a tampa e continue a cozinhar por 5 a 6 minutos, mexendo com frequência, até que o líquido tenha evaporado e as folhas estejam cozidas, mas mantenham certa textura e estejam começando a escurecer.

3. Devolva a linguiça e o alho à frigideira e acrescente o limão-siciliano em conserva e o sumo. Mexa, desligue o fogo e acrescente o *sour cream*. Incorpore e divida entre quatro tigelas ou coloque em uma travessa grande.

Serve 4

1 colher (sopa) de azeite
3 linguiças toscanas, cortadas ao meio no sentido do comprimento e fatiadas em meias-luas de 1 cm de espessura (150 g)
3 dentes de alho, em fatias finas
½ colher (chá) de páprica defumada doce
600 g de couve-toscana, folhas arrancadas e grosseiramente picadas em tiras de 4 cm de espessura e lavadas, talos descartados (360 g)
2 limões-sicilianos pequenos em conserva, sem sementes, com casca e polpa picadas grosseiramente (40 g) (para receita caseira, ver o livro *Jerusalém*)
1 colher (sopa) de sumo de limão-siciliano
100 g de *sour cream* (para receita caseira, ver p. 10)
sal e pimenta-do-reino

Vegetais cozidos

Quiabo com molho agridoce

Serve 4 como acompanhamento

700 g de quiabo, talos aparados (cuidado para não expor as sementes, responsáveis pela "baba")

3 colheres (sopa) de óleo de amendoim (ou outro óleo mais leve)

2 dentes de alho amassados

1 pimenta dedo-de--moça, sem sementes e em fatias finas

2 colheres (chá) de *maple syrup*

1 limão-taiti: rale a casca fino até obter 1 colher (chá), então esprema até obter 1 ½ colher (sopa) de sumo

½ colher (chá) de óleo de gergelim

15 g de coentro grosseiramente picado

40 g de amendoim torrado e salgado, grosseiramente picado, para servir

sal e pimenta-do-reino

Os adoradores de quiabo nunca vão parar de tentar converter seus detratores. Aqueles que se incomodam com a "baba" (resultando de quando ele é cortado e cozido) deveriam manter a mente aberta aqui. O quiabo permanece íntegro e é apenas levemente cozido, então o resultado é muito diferente do que devem estar imaginando. É um ótimo acompanhamento para todo tipo de prato — fica perfeito com o peixe com shoyu e gengibre (ver p. 260) — ou sozinho, com uma tigela de arroz.

1. Preaqueça o forno a 220°C.

2. Coloque o quiabo em uma tigela grande com 2 colheres (sopa) de óleo de amendoim, o alho, ¾ de colher (chá) de sal e uma pitada de pimenta-do-reino. Divida em assadeiras forradas com papel-manteiga — para que não fiquem cheias demais — e asse por 7 minutos, até que fique levemente cozido, mas ainda firme e bem verde. Tire do forno e deixe esfriar por 10 minutos.

3. Coloque a colher (sopa) de óleo de amendoim restante em uma tigela grande com a pimenta dedo-de-moça, o *maple syrup*, as raspas e o sumo de limão, o óleo de gergelim e ⅛ de colher (chá) de sal. Misture bem. Na hora de servir, acrescente o quiabo e o coentro. Misture bem mesmo — o molho tende a ir para o fundo da tigela, então tome cuidado para não o perder — e transfira para uma travessa.

4. Polvilhe os amendoins por cima e sirva.

Foto a seguir

Vegetais cozidos

Repolho refogado do Garry

Este é um jeito muito fácil de comer muito repolho, como meu amigo Garry Bar-Chang me mostrou quando estava preparando um jantar taiwanês. O segredo reside em muito alho, pimenta e fritura.

1. Coloque o óleo em uma frigideira grande ou panela wok e leve ao fogo alto. Quando estiver quente, acrescente o alho e a pimenta dedo-de-moça e refogue por 1 minuto, mexendo sempre, até começar a dourar. Adicione a cebolinha e cozinhe por 2 minutos, mexendo sempre.

2. Acrescente o repolho em levas (ele murcha ao cozinhar), com ¾ de colher (chá) de sal. Cozinhe por cerca de 5 minutos, mexendo, até que esteja mole, mas mantenha certa textura. Desligue o fogo e reserve por 5 minutos antes de servir com as cunhas de limão.

Serve 4 como acompanhamento

2½ **colheres (sopa) de óleo de girassol**
6 **dentes de alho,** em fatias grosseiras
2 **pimentas dedo-de--moça,** sem sementes e cortadas grosseiramente em pedaços de 2 cm
5 **cebolinhas com bulbo,** cortadas em pedaços de 3 cm
1 **repolho,** folhas separadas e rasgadas grosseiramente ao meio (550 g)
1 **limão-taiti,** cortado em quartos, para servir
sal

Foto a seguir

Salada de couve-flor, romã e pistache

Lembro que tive uma revelação quando misturei pela primeira vez couve-flor assada e ralada crua no mesmo prato. Fica uma muito diferente da outra, mas funcionam bem juntas. Este prato pode ser comido sozinho, servido como antepasto ou acompanhando frango ou cordeiro assados. Não jogue as folhas da couve-flor fora. São muito gostosas, assadas e crocantes ou raladas cruas, como você faria com o restante. Se quiser adiantar, asse a couve-flor até 4 a 6 horas antes. Mantenha em temperatura ambiente e misture com o restante dos ingredientes na hora de servir.

1. Preaqueça o forno a 220°C.

2. Rale grosso ⅓ da couve-flor e reserve em uma tigela. Quebre o restante em floretes de mais ou menos 3 cm de largura e junte em outra tigela com as folhas de couve-flor, se tiver, e a cebola. Adicione 2 colheres (sopa) de azeite e ¼ de colher (chá) de sal. Disponha tudo em uma assadeira grande e forrada com papel-manteiga. Asse por cerca de 20 minutos, até cozinhar e dourar. Tire do forno e deixe esfriar.

3. Quando esfriar, coloque a couve-flor assada em uma tigela grande com 50 ml de azeite, a couve-flor ralada e o restante dos ingredientes com ¼ de colher (chá) de sal. Misture com cuidado, transfira para uma travessa e sirva.

Serve 4

1 couve-flor grande (800 g)
1 cebola média, em rodelas (130 g)
80 ml de azeite
25 g de salsinha grosseiramente picada
10 g de hortelã grosseiramente picada
10 g de estragão grosseiramente picado
sementes de ½ romã média (80 g)
40 g de pistache ligeiramente tostado e grosseiramente picado
1 colher (chá) de cominho em pó
1 ½ colher (sopa) de sumo de limão-siciliano
sal

Vegetais cozidos

Couve-flor gratinada com mostarda

Serve 4

1 couve-flor grande, quebrada grosseiramente em floretes de 4 cm (700 g)

30 g de manteiga sem sal

1 cebola pequena, em cubinhos (120 g)

1½ colher (chá) de cominho em grãos

1 colher (chá) de curry em pó

1 colher (chá) de mostarda em pó

2 pimentas dedo-de--moça verdes, sem sementes e em cubinhos

¾ de colher (chá) de sementes de mostarda escura

200 ml de creme de leite fresco

120 g de queijo cheddar maturado, ralado grosso

15 g de pedaços de pão branco fresco

5 g de salsinha bem picada

sal

Este é um acompanhamento muito gostoso para um frango assado, linguiça ou um filé. Também funciona bem como uma opção vegetariana, com arroz integral e uma salada simples com iogurte e uma cunha de limão, por exemplo. Pode ser adiantado até antes de assar e mantido na geladeira por 1 dia.

1. Preaqueça o forno a 200°C.

2. Cozinhe a couve-flor no vapor por 5 minutos, até começar a amolecer. Reserve para esfriar um pouco.

3. Coloque a manteiga em uma panela ou travessa redonda com 24 cm de diâmetro que possam ir ao forno e leve ao fogo médio. Acrescente a cebola e refogue por 8 minutos, até amolecer e dourar. Adicione o cominho, o curry, a mostarda em pó e a pimenta dedo-de-moça e cozinhe por 4 minutos, mexendo de vez em quando. Junte as sementes de mostarda e cozinhe por 1 minuto, então despeje o creme de leite fresco. Adicione 100 g de queijo cheddar e ½ colher (chá) de sal e deixe cozinhar em fogo baixo por 2 a 3 minutos para engrossar um pouco. Acrescente a couve-flor, mexendo devagar enquanto cozinha em fogo baixo por mais 1 minuto antes de tirar do fogo.

4. Coloque os 20 g de queijo cheddar restantes em uma tigela e acrescente os pedaços de pão e a salsinha. Misture e polvilhe por cima da couve-flor. Limpe a parte de cima interna das laterais da panela ou travessa (com uma espátula ou pano) — se sobrar creme de leite fresco vai queimar — e coloque no forno. Asse por 8 minutos, até o molho borbulhar e a couve-flor esquentar. Aumente a temperatura para 270°C e mantenha a travessa no forno por 4 minutos ou até que o topo esteja dourado e crocante. Fique de olho para não queimar. Tire e deixe esfriar um pouco — por cerca de 5 minutos — antes de servir.

Vegetais cozidos

Couve-flor assada inteira com tahine verde

Serve 4

1 couve-flor grande, com todas as folhas intactas (1,3 kg)

45 g de manteiga sem sal, amolecida em temperatura ambiente

2 colheres (sopa) de azeite

1 limão-siciliano, cortado em cunhas, para servir

sal marinho em flocos

Mantenha todas as folhas na cabeça da couve-flor: ficam deliciosamente crocantes e saborosas quando assadas. Gosto de deixar este prato no centro da mesa, para que as pessoas compartilhem enquanto bebem antes da refeição. Elas vão quebrando a couve-flor com as mãos e mergulhando os floretes e as folhas crocantes no tahine verde e polvilhando com sal. Se parece uma bagunça ou esquisito (o que surpreendentemente não é), você pode cortar a couve-flor em quatro cunhas e servir em pratos individuais, para comer mais tradicionalmente, com garfo e faca! De qualquer maneira, o tahine é opcional: eu amo, mas você pode só espremer um limão-siciliano por cima ou acrescentar uma colherada de creme de leite fresco.

1. Com uma tesoura, corte levemente as folhas no topo da couve-flor para que cerca de 5 cm da cabeça fique exposta.

2. Encha ¾ de uma panela (grande o bastante para que a couve-flor caiba) de água com sal. Deixe ferver e mergulhe cuidadosamente a couve-flor, com a cabeça exposta para baixo: não se preocupe se a base ficar um pouco para fora. Deixe ferver e cozinhe por 6 minutos. Use a escumadeira para transferir a couve-flor para um escorredor, com a cabeça para baixo. Reserve por 10 minutos para escorrer e esfriar.

3. Preaqueça o forno a 190°C.

4. Misture a manteiga e o azeite. Coloque a couve-flor em uma assadeira média, com a cabeça para cima, e espalhe a mistura de manteiga e azeite por cima, depois 1¼ de colher (chá) de sal marinho. Coloque no forno e asse por 1h30 a 2 horas, regando a couve-flor com o azeite 5 ou 6 vezes durante esse tempo, até que esteja bem macia e dourada e as folhas crocantes e tostadas.

Foto a seguir

5. Tire do forno e reserve por 5 minutos. Corte em cunhas (ou vá pegando pedaços com as mãos!), sirva com as cunhas de limão-siciliano e polvilhe com sal ou com o tahine verde abaixo.

Tahine verde

Este molho é delicioso para servir com a couve-flor, mas totalmente opcional. Pode ficar na geladeira por até 3 dias.

1. Em um processador de alimentos, junte o tahine, a salsinha e o alho. Bata por cerca de 1 minuto, até que esteja verde, acrescente 80 ml de água e o sumo de limão-siciliano e tempere com ¼ de colher (chá) de sal marinho. Continue a bater até obter um molho verde homogêneo com consistência de creme de leite fresco. Acrescente um pouco mais de tahine se ficar ralo demais ou um pouco de água se ficar grosso demais.

Rende para 1 couve-flor, servindo 4

80 g de tahine

15 g de salsinha grosseiramente picada

1 dente de alho pequeno, amassado

3 colheres (sopa) de sumo de limão-siciliano

sal marinho em flocos

Vegetais cozidos

Salada de couve-flor e ovo com curry

Encaro esta receita como a versão vegetariana do prato típico britânico conhecido como Coronation chicken (frango da coroação, prato servido nas comemorações da rainha Elizabeth II em 1953). Esta versão de couve-flor e ovo cozido pode ser servida com o frango assado para quem sentir falta da proteína do prato clássico.

Serve 4 a 6

- **1 couve-flor média,** aparada e quebrada em floretes de 3 a 4 cm, mantendo as folhas mais moles (500 g)
- **1 cebola,** sem casca e cortada em cunhas de 1 cm de espessura (180 g)
- **2 colheres (sopa) de azeite**
- **1 colher (sopa) de curry em pó**
- **9 ovos grandes**
- **100 g de iogurte grego**
- **50 g de maionese**
- **½ colher (chá) de pimenta-calabresa em flocos** (ou, se encontrar, 1 colher (chá) de pimenta alepo em flocos)
- **1 colher (chá) de cominho em grãos,** torrado e grosseiramente esmagado
- **2 limões-sicilianos,** 1 espremido para obter 1 colher (sopa) de sumo e outro cortado em 4 a 6 cunhas, para servir
- **10 g de estragão** grosseiramente picado
- **sal e pimenta-do-reino**

Foto à direita, com Repolho assado com estragão e pecorino (p. 80)

Vegetais cozidos

1. Preaqueça o forno a 250°C.

2. Em uma tigela grande, misture os floretes de couve-flor (com as folhas jovens) com a cebola, o azeite, 2 colheres (chá) de curry em pó, ¾ de colher (chá) de sal e bastante pimenta-do-reino. Disponha em uma assadeira grande e forrada com papel-manteiga e asse por 15 minutos, até amolecer e dourar, mas sem perder a textura. Tire do forno e deixe esfriar.

3. Encha uma panela média com água e deixe ferver em fogo alto. Reduza para médio-alto, mergulhe cuidadosamente os ovos e deixe ferver por 10 minutos, até cozinhar. Escorra os ovos e devolva à mesma panela cheia de água fria para interromper o cozimento. Quando esfriar, descasque os ovos, coloque em uma tigela grande e quebre-os grosseiramente em pedaços grandes com as costas de um garfo.

4. Em uma tigela pequena, misture o iogurte, a maionese, a colher (chá) de curry em pó restante, metade da pimenta em flocos, o cominho, o sumo de limão-siciliano e ¼ de colher (chá) de sal. Acrescente o molho aos ovos, com a couve-flor, a cebola e o estragão. Misture bem, disponha em uma travessa grande, polvilhe com o restante da pimenta em flocos e sirva com as cunhas de limão-siciliano.

Vegetais cozidos

Grão-de-bico com acelga e iogurte

Serve 2

2 cenouras, sem casca e em pedaços de 2 cm (200 g)

45 ml de azeite, e mais para servir

1 cebola grande, bem picada (180 g)

1 colher (chá) de kümmel

1½ colher (chá) de cominho em pó

200 g de folhas de acelga, em tiras de 1 cm de espessura

400 g de grão-de-bico pronto, escorrido e lavado (230 g se já escorrido)

1 limão-siciliano: esprema metade para obter 1 colher (sopa) de sumo e corte a outra metade em 2 cunhas, para servir

70 g de iogurte grego

5 g de coentro grosseiramente picado

sal e pimenta-do-reino

Este prato delicioso fica ainda melhor quando servido com arroz. Não se preocupe se não tiver coentro em casa: fica bom na decoração, mas o prato se segura perfeitamente bem sem ele. Faça até 6 horas antes, se quiser, deixando para acrescentar o sumo de limão-siciliano e o iogurte e montar antes de servir. Sirva em temperatura ambiente ou morno.

1. Preaqueça o forno a 220°C.

2. Misture a cenoura com 1 colher (sopa) de azeite, ¼ de colher (chá) de sal e um pouco de pimenta-do-reino. Disponha em uma assadeira forrada com papel-manteiga e asse por 20 minutos: deve permanecer um pouco crocante.

3. Coloque as 2 colheres (sopa) de azeite restantes em uma frigideira grande em fogo médio e acrescente a cebola, o kümmel e o cominho. Refogue por 10 minutos, mexendo de vez em quando, até dourar. Acrescente a acelga, a cenoura assada, o grão-de-bico, 75 ml de água, ½ colher (chá) de sal e um bom punhado de pimenta-do-reino e misture bem. Cozinhe por 5 minutos, até que as folhas de acelga amoleçam e não sobrem sucos na frigideira.

4. Desligue o fogo, inclua o sumo de limão-siciliano e sirva com uma colherada generosa de iogurte e uma cunha de limão-siciliano, polvilhando com coentro e regando com azeite.

Foto a seguir

Feijão-da-espanha cozido no molho de tomate

Sirva com arroz integral para uma refeição ao mesmo tempo leve e refrescante, reconfortante e encorpada. Também fica ótimo como antepasto. Pode ser feito até 2 dias antes, se quiser: o sabor só vai melhorar. Você pode tanto aquecer antes de servir ou tirar da geladeira 30 minutos antes para comer em temperatura ambiente.

1. Coloque o azeite em uma frigideira grande que tenha tampa e leve ao fogo médio-alto. Acrescente a cebola e refogue com cuidado por 8 minutos, mexendo de vez em quando, até começar a ganhar cor e amolecer. Junte o alho, o cominho, a páprica e a noz-moscada e continue a cozinhar por mais 2 minutos, mexendo. Adicione o extrato de tomate e cozinhe por mais 1 minuto. Acrescente o feijão-da-espanha, o tomate, o caldo, ¾ de colher (chá) de sal e um pouco de pimenta-do-reino. Reduza o fogo para médio, tampe a frigideira e deixe cozinhar em fogo baixo por 30 minutos.

2. Tire a tampa e deixe por mais 30 minutos em fogo baixo, mexendo de vez em quando, até que o molho tenha engrossado e o feijão-da-espanha esteja bem macio. Desligue o fogo e inclua o coentro. Sirva morno ou em temperatura ambiente.

Serve 4

2 colheres (sopa) de azeite
2 cebolas grosseiramente picadas (240 g)
3 dentes de alho grandes, amassados
2 colheres (chá) de cominho em grãos
1½ colher (chá) de páprica picante
¾ de colher (chá) de noz-moscada em pó
1 colher (sopa) de extrato de tomate
500 g de feijão-da--espanha (ou ervilha--torta), aparado e fatiado na diagonal em pedaços de 2 cm
6 tomates médios, sem casca e grosseiramente picados (500 g)
500 ml de caldo de legumes
10 g de coentro grosseiramente picado
sal e pimenta-do-reino

Foto a seguir

Vegetais cozidos

Tofu e vagem com molho chraimeh

Serve 4

450 g de vagem, aparada

1 colher (sopa) de óleo de girassol

400 g de tofu firme, cortado em cubos de 2 a 3 cm e seco com cuidado

15 g de coentro grosseiramente picado

sal

MOLHO CHRAIMEH

6 dentes de alho amassados

2 colheres (chá) de páprica picante

1 colher (sopa) de kümmel, levemente tostado e amassado em um pilão

2 colheres (chá) de cominho em pó

½ colher (chá) de canela em pó

3 colheres (sopa) de óleo de girassol

3 colheres (sopa) de extrato de tomate

2 colheres (chá) de açúcar

2 limões-taiti: esprema 1 para obter 1 colher (sopa) de sumo e corte o outro em 4 cunhas, para servir

Este é um ótimo prato principal vegetariano, que pode ser servido sozinho ou com arroz. Chraimeh é um molho picante da Líbia. Pode ficar na geladeira por no mínimo 1 semana (ou pode ser congelado e guardado por 1 mês), então dobre ou triplique as quantidades. Também funciona como molho para frango ou peixe, ou para comer com pão antes do jantar.

1. Encha metade de uma panela média de água e leve ao fogo alto. Quando estiver fervendo, acrescente a vagem e cozinhe por 5 a 6 minutos, até amolecer, mas mantendo certa textura. Escorra, lave com água fria, escorra de novo e reserve.

2. Coloque o óleo em uma frigideira grande e leve ao fogo médio-alto. Quando estiver quente, acrescente o tofu e ⅓ de colher (chá) de sal e frite por 4 a 5 minutos, virando para dourar por inteiro. Tire da frigideira e reserve.

3. Para fazer o molho chraimeh, junte o alho, os temperos e o óleo em uma tigela pequena. Devolva a frigideira grande ao fogo médio-alto e, quando estiver quente, acrescente o alho e a mistura de temperos. Frite por cerca de 1 minuto e acrescente o extrato de tomate, o açúcar, o sumo de limão e ¾ de colher (chá) de sal. Mexa bem e acrescente 250 ml de água para fazer um molho ralo. Deixe borbulhar e mexa com frequência por cerca de 2 minutos, até começar a engrossar. Inclua a vagem e deixe cozinhar por mais 1 minuto, para que o molho engrosse e a vagem esquente.

4. Desligue o fogo e acrescente o tofu e o coentro com cuidado. Divida entre quatro tigelas rasas e sirva com uma cunha de limão ao lado.

Vegetais cozidos

Purê de avocado e fava

Serve 4 como antepasto

250 g de fava, ainda com casca, mas fora da vagem (fresca ou congelada)

1 avocado grande, descascado e grosseiramente picado (190 g)

1 limão-siciliano: separe 1 tira longa e fina da casca, então esprema até obter 1½ colher (sopa) de sumo

60 ml de azeite

2 cebolinhas com bulbo, em fatias finas

sal

Você pode pensar em tirar a fava da vagem de duas maneiras diferentes: como um trabalho a mais que não vale a pena ou como algo que proporciona uma atividade maravilhosamente terapêutica enquanto se ouve música. Também é um trabalho muito fácil de terceirizar, se alguém oferecer ajuda. De qualquer maneira, este prato é ótimo: mais leve que um guacamole só de avocado e ainda mais gostoso. O purê pode ser feito antes, se quiser: mantenha na geladeira por 2 dias.

1. Encha uma panela pequena com água com sal e deixe ferver. Branqueie a fava por 2 minutos, escorra, lave em água fria e escorra de novo. Tire a casca das favas e descarte, então separe 50 g dela. Coloque o restante em um processador de alimentos com o avocado, o sumo de limão-siciliano, 2 colheres (sopa) de azeite e ¼ de colher (chá) de sal e bata até ficar quase homogêneo.

2. Aqueça as 2 colheres (sopa) de azeite restantes em uma frigideira pequena em fogo médio-alto e frite a cebolinha e a casca de limão-siciliano com cuidado por 1 minuto. Desligue o fogo e acrescente a fava reservada e uma pitada de sal.

3. Espalhe o purê de avocado e fava em um prato, garantindo que a borda fique mais alta. Coloque a mistura de cebolinha no meio na hora de servir. Normalmente não se come a casca de limão-siciliano, mas ela contribui para o visual.

Foto a seguir

Purê de feijão-verde com pasta de pimentão

Muhammara é uma pasta condimentada do Levante feita de pimentões vermelhos e nozes. Pode ficar na geladeira por 3 dias, então dobre a receita, se quiser. Fica ótima em um sanduíche de queijo, servida com carne ou sozinha. Deixei a pele do pimentão para facilitar, mas você pode remover se quiser uma textura mais homogênea.
O purê pode ser feito 3 dias antes — mantenha em um pote separado na geladeira e deixe que volte à temperatura ambiente antes de servir.

1. Preaqueça o forno a 240°C.

2. Misture o pimentão e o azeite e distribua em uma assadeira grande e forrada com papel-manteiga. Asse por 15 minutos, então acrescente o alho. Continue a assar por 15 minutos, até a pele do pimentão amolecer e começar a escurecer e o alho dourar.

3. Em um processador de alimentos, junte o pimentão, o alho, as folhas de tomilho, a páprica, a pimenta-calabresa em flocos, o vinagre balsâmico, as nozes e ½ colher (chá) de sal. Bata até formar uma pasta grossa e reserve.

4. Para fazer o purê, coloque o azeite em uma panela pequena e leve ao fogo médio. Quando estiver quente, acrescente o dente de alho e os ramos de tomilho e refogue com cuidado por 2 a 3 minutos, até o alho começar a caramelizar. Descarte o alho e separe os ramos de tomilho, com 2 colheres (chá) do azeite. Despeje o restante do azeite em um processador de alimentos com o feijão-verde, 1 colher (sopa) de água e ½ colher (chá) de sal. Bata até ficar homogêneo, acrescentando um pouco mais de água se necessário. Espalhe em uma travessa grande ou em pratos, deixando a borda mais elevada, e coloque o molho de pimentão no centro. Cubra com os ramos de tomilho crocante no azeite.

Serve 6 a 8

MUHAMMARA

5 pimentões vermelhos, cortados em quartos, sementes e talos descartados (850 g)

1 colher (sopa) de azeite, e mais para regar

8 dentes de alho, sem casca

1 colher (sopa) de folhas de tomilho

¾ de colher (chá) de páprica defumada doce

¼ de colher (chá) de pimenta-calabresa em flocos

2 colheres (chá) de vinagre balsâmico

60 g de nozes em metades, torradas e grosseiramente picadas

sal

PURÊ

100 ml de azeite

1 dente de alho, com casca e levemente amassado

3 ramos de tomilho

470 g de feijão-verde enlatado, lavado e escorrido

Foto a seguir

Vegetais cozidos

Salada verde

Não há problema em fazer esta receita adiantado, desde que se acrescente o sumo de limão só na hora de servir. Ela pode ficar por até 6 horas na geladeira. Se encontrar folhas frescas de limão kaffir, melhor — as congeladas são muito quebradiças. Como alternativa, é possível usar uma folha de capim-limão (remova a pele exterior, mais dura, e pique bem o interior, mais macio) ou nada além das raspas e do sumo de limão já listados: o prato vai manter a acidez mesmo assim.

1. Enrole todas as folhas de limão kaffir como se fosse um charuto grosso. Fatie tão fino quanto possível, então pique bem. Coloque no processador de alimentos com as raspas de limão, 20 g de coentro, a hortelã, o alho, o azeite, a pimenta dedo-de-moça verde e ½ colher (chá) de sal. Bata até ficar homogêneo e reserve.

2. Leve uma panela grande de água com sal para ferver e acrescente a vagem. Branqueie por 3 minutos, inclua o edamame e deixe por mais 1 minuto. Escorra tudo, lave em água fria, escorra novamente e reserve para secar.

3. Coloque a pasta de limão por cima da vagem e do edamame, tempere com o sumo de limão e mexa bem. Polvilhe com gergelim, o restante do coentro e sirva em seguida.

Serve 4 como entrada ou acompanhamento

6 folhas grandes de limão kaffir (frescas ou congeladas), sem talos (5 g)

2 limões-taiti: rale a casca fino até obter 1 ½ colher (chá), então esprema até obter 2 colheres (sopa) de sumo

30 g de coentro grosseiramente picado

10 g de folhas de hortelã

1 dente de alho amassado

60 ml de azeite

2 pimentas dedo-de-moça verdes, sem sementes e em fatias finas

600 g de vagem, aparada

150 g de vagem de edamame congelada (ou ervilha)

1 colher (chá) de gergelim preto

sal

Vegetais cozidos

Castanha-portuguesa e cogumelo com *zaatar*

Serve 6 como acompanhamento

650 g de cogumelos Shitake (cerca de 6 a 8), cortados em cunhas de 3 cm de largura

200 g de chalotas pequenas, sem casca e inteiras

150 g de castanha-portuguesa sem casca e cozida, quebrada na metade

5 g de folhas de sálvia grosseiramente picadas

60 ml de azeite, mais 2 colheres (chá) para servir

2 dentes de alho amassados

5 g de folhas de estragão grosseiramente picadas

1 colher (sopa) de *zaatar*

2 colheres (chá) de sumo de limão-siciliano

sal e pimenta-do-reino

Este é um ótimo acompanhamento para o outono ou inverno. Também fica ótimo no café da manhã, servido com ovos mexidos. Use quaisquer cogumelos — ou uma mistura deles —, dependendo do que encontrar. Apenas mantenha as quantidades. Se só encontrar chalotas grandes, tudo bem: corte na metade ou em quartos.

Se quiser adiantar, prepare até 4 horas antes — coloque tudo menos o sal e a pimenta na assadeira, deixando para temperar no momento de assar.

1. Preaqueça o forno a 240°C.

2. Em uma tigela grande, junte os seis primeiros ingredientes com ¾ de colher (chá) de sal e muita pimenta-do-reino. Espalhe em uma assadeira grande e forrada com papel-manteiga e asse por 25 minutos, até que os cogumelos e as chalotas estejam caramelizados e macios. Tire do forno e deixe esfriar por 5 minutos.

3. Transfira o cogumelo e a castanha-portuguesa quentes para uma tigela grande e junte o estragão, o *zaatar*, o sumo de limão-siciliano e as 2 colheres (chá) de azeite. Disponha em uma tigela rasa grande e sirva.

Foto a seguir

Couve-de-bruxelas com manteiga queimada e alho negro

O alho negro tem um sabor altamente concentrado: de alcaçuz com balsâmico e a essência do próprio alho. É um jeito rápido de injetar uma grande quantidade de sabor em um prato. Deixe tudo picado e pronto antes de começar, mas não cozinhe até a hora de servir: as couves-de-bruxelas devem ser comidas direto do fogo.

1. Preaqueça o forno a 240°C.

2. Misture a couve-de-bruxelas com o azeite e ¼ de colher (chá) de sal e distribua em uma assadeira forrada com papel-manteiga. Asse por 10 minutos, até que a couve-de-bruxelas esteja dourada, mas ainda crocante.

3. Enquanto isso, esmague levemente o kümmel em um pilão. Acrescente o alho negro e o tomilho e esmague até formar uma pasta grossa.

4. Coloque a manteiga em uma frigideira grande e leve ao fogo médio-alto. Cozinhe por 3 minutos, até derreter e dourar. Acrescente a pasta de alho amassado, a couve-de-bruxelas, as sementes de abóbora e ⅛ de colher (chá) de sal. Deixe por 30 segundos, então desligue o fogo. Inclua o sumo de limão-siciliano e transfira para uma tigela grande ou pratos individuais. Regue com tahine e sirva em seguida.

Serve 4 como acompanhamento

450 g de couves-de-bruxelas, aparadas e cortadas ao meio no sentido do comprimento (400 g)

1 colher (sopa) de azeite

¾ de colher (chá) de kümmel

20 g de dentes de alho negro (cerca de 12), grosseiramente picados

2 colheres (sopa) de folhas de tomilho

30 g de manteiga sem sal

30 g de sementes de abóbora, torradas

1½ colher (chá) de sumo de limão-siciliano

1 colher (sopa) de tahine

sal

Foto a seguir

Vegetais cozidos

Minicenoura assada com romã e *harissa*

Serve 4 como acompanhamento

2 colheres (chá) de cominho em grãos

2 colheres (chá) de mel

2 colheres (sopa) de harissa rosa (ou 50% mais ou menos, dependendo do tipo, ver p. 301) (30 g)

20 g de manteiga sem sal, derretida

1 colher (sopa) de azeite

800 g de minicenouras (ou cenoura comum, cortada em palitos finos e compridos, de 10 cm x 1,5 cm), sem casca e com talos aparados (1 a 2 cm)

10 g de folhas de coentro grosseiramente picadas

60 g de sementes de romã (de ½ romã)

2 colheres (chá) de sumo de limão-siciliano

sal

Esta é uma salada impactante, com cores fortes e muito sabor. Pode acompanhar frango, cordeiro ou uma seleção de vegetais. As minicenouras ficam lindas aqui, como sempre, mas se quiser usar as comuns tudo bem: corte-as em palitos longos e finos.

Asse até 6 horas antes, se quiser adiantar, e misture com o restante dos ingredientes na hora de servir.

1. Preaqueça o forno a 250°C.

2. Em uma tigela grande, junte o cominho, o mel, a *harissa*, a manteiga, o azeite e ¾ de colher (chá) de sal. Acrescente a cenoura, misture bem e então disponha em uma assadeira grande e forrada com papel-manteiga. Se ficar muito apertado, divida em duas.

3. Asse por 12 a 14 minutos, até a cenoura começar a escurecer, mas mantendo a textura. Retire do forno e deixe esfriar.

4. Na hora de servir, misture o restante dos ingredientes com a cenoura e sirva.

Vegetais cozidos

Salada de cenoura com iogurte e canela

Serve 4

1 kg de minicenouras, com a casca limpa e talos aparados a cerca de 3 cm
3 colheres (sopa) de azeite
1½ colher (sopa) de vinagre de maçã
1 colher (chá) de mel
1 dente de alho amassado
⅛ de colher (chá) de canela em pó
120 g de iogurte grego
60 g de creme de leite fresco
5 g de endro grosseiramente picado
10 g de coentro grosseiramente picado
sal e pimenta-do-reino

Adoro a cara que as minicenouras dão ao prato, mas não se preocupe se não encontrar. Cenouras comuns cortadas em palito funcionam bem. Este é um acréscimo muito colorido e saboroso a todo tipo de refeição: fica ótimo acompanhando o cuscuz com tomate-cereja (ver p. 158) ou o cordeiro (ver p. 215), por exemplo. Cozinhe a cenoura no vapor e faça o molho 6 horas ou até 1 dia antes, se for manter na geladeira. Deixe que volte à temperatura ambiente, acrescentando o iogurte e as ervas na hora de servir.

1. Coloque a cenoura no vapor por 8 a 12 minutos (dependendo da grossura), até cozinhar, mas mantendo a textura.

2. Enquanto isso, em uma tigela grande, misture bem o azeite, o vinagre, o mel, o alho, a canela, ½ colher (chá) de sal e muita pimenta-do-reino. Acrescente a cenoura assim que estiver cozida. Misture bem e deixe esfriar.

3. Em uma tigela média, junte o iogurte, o creme de leite fresco e ¼ de colher (chá) de sal. Acrescente à cenoura e polvilhe com as ervas frescas. Tome cuidado para não amassar. Transfira tudo para uma travessa e sirva.

Foto a seguir

Vegetais cozidos

Abóbora assada com lentilha e dolcelatte

Gosto de servir este prato com a abóbora e a lentilha ainda mornas — para que o queijo derreta ligeiramente quando colocado —, mas também fica bom em temperatura ambiente, se quiser fazer adiantado. Pare antes de acrescentar o dolcelatte e reserve por até 6 horas. Acrescente os últimos ingredientes na hora de servir.

Se for usar lentilha pronta, pule o cozimento em fogo baixo e acrescente-a direto à tigela com limão-siciliano, alho e ervas, depois siga em frente.

1. Preaqueça o forno a 240°C.

2. Em uma tigela, grande, junte a abóbora, as cebolas, 2 colheres (sopa) de azeite, as folhas de sálvia, ¾ de colher (chá) de sal e bastante pimenta-do-reino. Misture bem e disponha em uma assadeira grande e forrada com papel-manteiga. Asse por 25 a 30 minutos, até cozinhar e dourar. Tire do forno e deixe esfriar por 10 minutos.

3. Enquanto a abóbora está no forno, encha uma panela média até a metade com água (se estiver usando lentilha seca) e leve ao fogo alto. Quando estiver fervendo, acrescente a lentilha, reduza o fogo para médio e deixe por 20 minutos, até que esteja cozida. Escorra, deixe esfriar um pouco e transfira para uma tigela grande. Adicione as raspas e o sumo de limão-siciliano, o alho, as ervas, 1 colher (sopa) de azeite e ¼ de colher (chá) de sal.

4. Acrescente a abóbora e a cebola à lentilha e mexa devagar. Transfira para uma travessa, esfarele o dolcelatte por cima, regue com azeite e sirva.

Serve 6 como acompanhamento

1 **abóbora,** com casca, sem sementes e cortada em meias-luas de 1 cm de espessura (950 g)

2 **cebolas-roxas,** cortadas em cunhas de 3 cm de largura (320 g)

3 **colheres (sopa) de azeite,** e mais para regar

10 g de **folhas de sálvia**

100 g de **lentilha de Puy seca**

1 **limão-siciliano grande:** rale a casca fino até obter 1½ colher (chá), então esprema até obter 2 colheres (sopa) de sumo

1 **dente de alho** amassado

5 g de **folhas de salsinha** grosseiramente picadas

5 g de **folhas de hortelã** grosseiramente picadas

10 g de **folhas de estragão** grosseiramente picadas

100 g de **queijo dolcelatte** ou outro queijo tipo gorgonzola mais suave, quebrado em pedaços de 2 cm (opcional)

sal e pimenta-do-reino

Foto a seguir

Vegetais cozidos

Abóbora com molho de milho e feta

Serve 6 como acompanhamento

1 **abóbora,** com casca, sem sementes, cortada em cunhas de cerca de 8 cm de comprimento e 3 cm de largura (1,3 kg)

75 ml **de azeite,** e mais para finalizar

2 **espigas de milho,** sem palha ou cabelo

1 **pimenta dedo-de-moça grande,** sem sementes e em cubinhos

3 **limões-taiti:** rale a casca fino para obter 1 colher (chá), então esprema até obter 4 colheres (sopa) de sumo

10 g **de coentro** grosseiramente picado

5 g **de folhas de hortelã** grosseiramente picadas

30 g **de sementes de abóbora** torradas

50 g **de queijo feta** quebrado grosseiramente em pedaços de 1 a 2 cm

sal e pimenta-do-reino

O milho tostado vai ficar mais gostoso se você usar espigas frescas, como faço aqui, mas também é possível substituí-las por 300 g de grãos congelados e descongelados antes de levar à frigideira. Não fica tão crocante, mas funciona. Prepare vários elementos até 1 dia antes, se quiser — a abóbora, o molho, o feta e as sementes —, deixando que retornem à temperatura ambiente antes de montar o prato e servir. Não é preciso comer na hora: aguenta bem algumas horas se necessário.

1. Preaqueça o forno a 240°C.

2. Misture a abóbora com 2 colheres (sopa) de azeite, ½ colher (chá) de sal e bastante pimenta-do-reino. Espalhe em uma assadeira grande e forrada com papel-manteiga, com a casca para baixo e bem espaçada. Asse por 25 minutos, até que esteja cozida e dourada. Tire do forno e deixe esfriar.

3. Coloque uma grelha em fogo alto e deixe a cozinha ventilada. Grelhe as espigas por cerca de 8 minutos, virando para tostar por inteiro. Tire do fogo. Quando tiverem esfriado o suficiente para manipular, coloque cada espiga perpendicularmente em uma tábua e use uma faca afiada para extrair os grãos de milho. Coloque os grãos em uma tigela com a pimenta, as raspas e o sumo de limão, as 3 colheres (sopa) de azeite restantes, ¼ de colher (chá) de sal e as ervas. Misture bem e reserve.

4. Disponha a abóbora em pratos separados ou em uma travessa grande. Coloque o molho, as sementes de abóbora e o feta por cima e sirva com um pouco mais de azeite.

Beterraba assada com molho de iogurte e limão-siciliano em conserva

Esta é uma combinação divina, que pode ser servida com um peixe mais gorduroso, como cavalinha defumada, truta ou salmão. Também fica ótima servida sobre lentilha cozida. Você pode fazer a salada até 1 dia antes. Nesse caso, não inclua o endro e o iogurte e mantenha tudo na geladeira até servir.

1. Preaqueça o forno a 240°C.

2. Embrulhe as beterrabas individualmente em papel-alumínio, coloque em uma assadeira e leve ao forno por 30 a 60 minutos, dependendo do tamanho, até que uma faca inserida entre fácil. Quando tiverem esfriado o bastante para manipular, tire a casca e corte cada beterraba em fatias de 0,5 cm. Coloque em uma tigela grande e deixe esfriar.

3. Coloque o azeite em uma frigideira pequena e leve ao fogo médio. Acrescente o cominho e cozinhe por cerca de 3 minutos, até começar a estourar. Despeje as sementes e o azeite por cima da beterraba com a cebola, o limão-siciliano em conserva, o sumo de limão-siciliano, 10 g do endro, 1 colher (chá) de sal e um pouco de pimenta-do-reino. Misture bem e transfira a salada para uma travessa grande.

4. Misture o tahine com o iogurte e distribua por cima da beterraba em quatro ou cinco pontos. Mexa levemente — o iogurte e a beterraba não precisam misturar muito — e polvilhe o restante do endro por cima.

Serve 4 como acompanhamento

1 kg de beterraba, com a casca limpa
2 colheres (sopa) de azeite
1½ colher (chá) de cominho em grãos
1 cebola-roxa pequena, em fatias bem finas (100 g)
1 limão-siciliano pequeno em conserva, casca e polpa bem picadas e sementes descartadas (40 g) (para receita caseira, ver o livro *Jerusalém*)
2 colheres (sopa) de sumo de limão-siciliano
15 g de endro grosseiramente picado
1 colher (sopa) de tahine
150 g de iogurte grego
sal e pimenta-do-reino

Aipo-rábano assado inteiro

Serve 4

1 aipo-rábano grande, com as raízes filamentosas descartadas (não precisa aparar) e a casca limpa (1,2 kg)

50 ml de azeite, e um pouco mais para regar

1½ colher (chá) de coentro em grãos, levemente amassados

1 limão-siciliano cortado em cunhas, para servir

sal marinho em flocos

Consegui o que parecia impossível: pegar uma receita do meu livro NOPI (repleto de receitas complexas demais para entrar neste livro) e torná-la um pouco mais complicada. No livro anterior, o aipo-rábano é assado sozinho por 3 horas, com azeite e sal. O resultado delicioso é atingido com tanta facilidade que tomei a liberdade de acrescentar o toque do coentro em grãos. O sabor fica ainda mais incrível. Gosto de comer sozinho como entrada, cortado em cunhas e servido com limão-siciliano espremido ou uma colherada de creme de leite fresco por cima, mas você também pode servir acompanhando um corte suíno ou um filé bovino.

1. Preaqueça o forno a 190°C.

2. Perfure todo o aipo-rábano com uma faca afiada pequena, cerca de 20 vezes. Coloque em uma assadeira e esfregue generosamente o azeite, o coentro em grãos e 2 colheres (chá) de sal. Asse por 2h30 a 3 horas, regando a cada 30 minutos até que esteja macio por inteiro e dourado por fora.

3. Corte em cunhas e sirva com limão-siciliano espremido, sal e um fio de azeite.

Vegetais cozidos

Purê com azeite aromático

Serve 4

1 kg de batata-asterix, sem casca e cortada em pedaços de 3 cm

6 ramos de tomilho (5 g)

3 ramos de hortelã (5 g)

4 dentes de alho, sem casca

1 limão-siciliano: faça 5 tiras finas da casca

100 ml de azeite

sal e pimenta-do-reino

COBERTURA

60 ml de azeite

1 dente de alho amassado

2 colheres (chá) de folhas de tomilho, bem picadas

cerca de 8 folhas de hortelã, bem picadas (para obter 2 colheres [chá])

1 limão-siciliano: rale a casca fino até obter 1 colher (sopa), então esprema até obter 1 colher (sopa) de sumo

É difícil superar um purê cremoso, mas muitas vezes prefiro purês com azeite, principalmente se a atração da refeição já for mais encorpada. Acrescentar aromatizantes à água do cozimento é uma ótima maneira de deixar o purê mais requintado. Já usei tomilho, hortelã, limão-siciliano e alho nesta receita, mas experimente com ervas e temperos diferentes.

Você pode adiantar o trabalho descascando e cortando as batatas até 6 horas antes, se quiser. Só mantenha em uma caçarola com água fria e escorra antes de começar a receita.

1. Em uma panela grande, junte a batata, os ramos de tomilho, os ramos de hortelã, o alho, a casca de limão-siciliano e 2 colheres (chá) de sal. Cubra com água fervente com 2 cm de sobra. Deixe cozinhar em fogo baixo por cerca de 25 minutos ou até que a batata amoleça o bastante para amassar.

2. Enquanto a batata cozinha, faça a cobertura. Coloque o azeite, o alho, as folhas de tomilho e de hortelã, as raspas e o sumo de limão-siciliano em uma tigela pequena com 1/8 de colher (chá) de sal e um bom punhado de pimenta-do-reino. Mexa bem e reserve.

3. Coloque a batata em um escorredor sobre uma tigela grande (você vai usar um pouco da água do cozimento depois, então não jogue fora). Tire os ramos de tomilho e hortelã, depois devolva a batata à panela (com o alho e a casca de limão-siciliano). Use um espremedor para amassar a batata, acrescentando 100 ml de azeite e cerca de 140 ml da água do cozimento lentamente no processo, até formar um purê homogêneo.

4. Transfira o purê para uma travessa e use as costas de uma colher para criar concavidades na superfície. Regue com a cobertura de azeite, ervas e alho uniformemente e finalize com uma pitada de pimenta-do-reino.

Foto a seguir

Purê de batata-doce com limão

Este purê fica delicioso acompanhando todo tipo de coisa: carne grelhada, linguiça, lombo de porco ou tofu. Gosto de manter a casca que sobra, passar um pouco de azeite nelas e assar por cerca de 8 minutos, com o forno a 220°C, para comer como um aperitivo crocante.

1. Preaqueça o forno a 220°C.

2. Tempere a batata-doce com 1 colher (sopa) de azeite e ¼ de colher (chá) de sal. Disponha em uma assadeira forrada com papel-manteiga, com a casca para cima, e asse por 30 a 35 minutos, até amolecer bem.

3. Enquanto a batata-doce assa, faça o molho. Coloque 3 colheres (sopa) de azeite em uma tigela pequena com o restante dos ingredientes e uma boa pitada de sal e mexa bem.

4. Quando esfriar o bastante para manipular, tire a casca da batata-doce. Deve sair com facilidade, mas você pode tirar o miolo com uma colher se preferir. Amasse tudo com ⅛ de colher (chá) de sal e bastante pimenta-do-reino, até ficar homogêneo.

5. Transfira para uma travessa, criando concavidades na superfície, e espalhe o molho uniformemente por cima. Sirva quente.

Serve 4

1 kg de batata-doce, com casca e cortada ao meio no sentido do comprimento

60 ml de azeite

5 g de folhas de manjericão bem picadas

5 g de coentro bem picado

½ dente de alho amassado

2 limões-taiti: rale a casca fino até obter 2 colheres (chá), então esprema até obter 1 colher (sopa) de sumo

sal e pimenta-do-reino

Vegetais cozidos

Batata recheada com espinafre e gorgonzola

Adoro o gorgonzola desta receita, mas você pode usar qualquer outro queijo que tiver em casa ou preferir: vai funcionar do mesmo jeito. Pode ser tanto uma refeição completa para duas pessoas ou servir quatro acompanhando um simples filé com salada verde. As nozes são opcionais, mas dão um toque crocante muito bem-vindo.

Se dependesse de Esme, haveria muito mais receitas de batata recheada aqui. Peço desculpas a ela pelas que não foram incluídas e agradeço pelas duas que foram.

Serve 2 como prato principal ou 4 como acompanhamento

2 batatas grandes (700 g)
25 g de manteiga sem sal
3 colheres (sopa) de creme de leite fresco
60 g de gorgonzola
200 g de folhas de espinafre baby
20 g de nozes em metades, torradas e quebradas em pedaços de 1 cm (opcional)
sal e pimenta-do-reino

Vegetais cozidos

1. Preaqueça o forno a 240°C.

2. Espete as batatas algumas vezes com um garfo e coloque-as em uma assadeira forrada com papel-manteiga. Asse por 1 hora ou um pouco mais, até que todo o miolo esteja macio. Tire do forno e divida as batatas ao meio no sentido do comprimento. Extraia o miolo e transfira para uma tigela média, reservando as cascas. Amasse grosseiramente a batata com 20 g da manteiga, o creme de leite fresco, o gorgonzola, ½ colher (chá) de sal e uma pitada generosa de pimenta-do-reino. Reserve.

3. Divida os 5 g restantes de manteiga entre as cascas de batata. Polvilhe com uma pitada generosa de sal e devolva ao forno por 8 minutos, para que a casca fique crocante. Tire do forno e reserve.

4. Leve ao fogo alto ½ panela de água salgada. Quando estiver fervendo, escalde o espinafre por cerca de 10 a 15 segundos, até murchar. Escorra o espinafre, apertando para tirar tanta água quanto possível. Misture com o miolo da batata, então devolva o purê às cascas, deixando sobrar no topo. Asse por 15 minutos, até que esteja crocante e dourado em cima. Tire do forno, polvilhe com as nozes, se for usar, e sirva.

135

Vegetais cozidos

Batata recheada com ovo e molho de atum

Serve 4

4 batatas grandes (1,4 kg)

1 colher (sopa) de azeite, e mais para servir

4 ovos grandes, cozidos moles e sem casca (deixe na água fervendo por 6 minutos, então lave em bastante água fria)

sal marinho em flocos

MOLHO DE ATUM

2 gemas de ovo

2 colheres (sopa) de sumo de limão-siciliano

25 g de salsinha grosseiramente picada

120 g de atum de boa qualidade conservado em azeite, escorrido

20 g de alcaparra picada e escorrida

2 filés de anchova conservada ou sardinhas anchovadas no azeite, lavada e levemente seca

1 dente de alho amassado

180 ml de azeite

Esta receita junta dois pratos caseiros simples: batata assada e ovo cozido. Para que fique ainda mais encorpado, inclua mais atum no molho antes de cobrir a batata. Se quiser adiantar, o molho pode ser feito 1 dia antes e mantido na geladeira.

1. Preaqueça o forno a 220°C.

2. Coloque a batata em uma assadeira, regue com o azeite, polvilhe com ½ colher (chá) de sal marinho e asse por 50 a 55 minutos ou até que a casca esteja crocante e o miolo, macio. Tire do forno e reserve.

3. Enquanto isso, faça o molho. Em um processador de alimentos, junte as gemas, o sumo de limão-siciliano, 20 g de salsinha, o atum, metade das alcaparras, a anchova e o alho. Bata por 1 minuto para formar uma pasta grossa, raspando as laterais da tigela com uma espátula para ajudar. Com o processador ligado, acrescente o azeite em um fio constante e lento, até obter uma consistência de maionese fina. Reserve.

4. Na hora de servir, corte a batata quente no meio, mas sem chegar a separar as partes, deixando uma parte da casca intacta. Aperte um pouco o exterior — isso ajuda a soltar a casca — e polvilhe o interior com uma pitada de sal marinho. Jogue o molho por cima e cubra com um ovo, rasgado ao meio na hora de servir para que a gema escorra. Acrescente o restante da salsinha e das alcaparras, regue com azeite e sirva.

Vegetais cozidos

Batata frita no forno com orégano e feta

Serve 6 como acompanhamento

2 kg de batata-ágata, com casca e cortada em palitos de 2 cm de largura

90 ml de óleo de girassol

60 ml de azeite

6 dentes de alho, em fatias finas

2 colheres (chá) de orégano seco

150 g de queijo feta, quebrado grosseiramente

sal marinho em flocos

Esta receita foi inspirada na batata que comi no restaurante de George Calombaris em Melbourne, chamado Jimmy Grant's, quando estava na Austrália como jurado do MasterChef. Eu tinha ouvido falar bem dele, mas minhas expectativas já altas foram superadas. Você pode comer a batata sozinha, acompanhando peixe ou carne, com uma salada simples ou com uma cunha de limão-siciliano para espremer em cima.

Se estiver de férias na Grécia (ou conhecer uma casa de produtos gregos), compre o orégano seco lá: ele tem um sabor muito mais intenso que o do orégano seco comum.

Você pode se adiantar cozinhando a batata até 6 horas antes.

1. Preaqueça o forno a 240°C.

2. Leve ao fogo alto ½ caçarola grande de água com sal. Quando estiver fervendo, acrescente a batata e cozinhe por 7 a 8 minutos, até começar a amolecer, mas ainda mantendo a forma. Escorra e deixe secando por 5 minutos. Transfira para uma tigela grande, acrescente o óleo de girassol e 1 colher (sopa) de sal marinho. Misture bem.

3. Distribua a batata com azeite em duas assadeiras grandes e forradas com papel-manteiga (de modo que não fiquem sobrepostas) e asse por 40 a 50 minutos, mexendo de vez em quando, até ficar crocante e dourada.

4. Cerca de 5 minutos antes de a batata ficar pronta, aqueça o azeite e o alho em uma panela pequena em fogo médio-alto. Deixe fritar por 3 a 4 minutos, até que o alho esteja levemente dourado. Tire a batata do forno e despeje o azeite com alho, então devolva ao forno por mais 4 minutos. Tire do forno e, enquanto ainda está quente, polvilhe com orégano e feta. Sirva em seguida.

Batata frita com alecrim e sumagre

Sumagre é uma especiaria em pó forte e adstringente, que defendo há um bom tempo. Sua cor e sua pungência a transformam em um excelente modo de revigorar diferentes pratos cotidianos.

1. Coloque o azeite em uma frigideira grande e leve ao fogo médio. Quando estiver quente, acrescente a batata, o alho e ¾ de colher (chá) de sal. Frite com cuidado por 30 minutos, mexendo com frequência, até que a batata esteja macia e dourada. Acrescente o alecrim e o tomilho e deixe por mais 5 minutos, até que as ervas estejam crocantes e aromáticas.

2. Use uma escumadeira — você quer deixar para trás a maior parte do azeite — para transferir a batata para uma travessa. Inclua o sumagre e sirva.

Serve 4 como acompanhamento

150 ml de azeite
750 g de batata-cupido, cortada em quartos no sentido do comprimento
5 dentes de alho, sem casca
3 ramos de alecrim (5 g)
3 ramos de tomilho (5 g)
2 colheres (chá) de sumagre
sal

Foto a seguir

Vegetais cozidos

Batata assada com *harissa* e alho confitado

Serve 6 a 8 como acompanhamento

2 cabeças grandes de alho, dentes sem casca (90 g)

130 g de gordura de pato ou ganso

4 ramos de alecrim (10 g)

6 ramos de tomilho (15 g)

2 kg de batata-ágata, sem casca e cortada em pedaços de 5 cm

40 g de farinha de semolina

2 colheres (chá) de kümmel, torrado e levemente esmagado

2 colheres (sopa) de *harissa* rosa (ou 50% mais ou menos, dependendo do tipo, ver p. 301) (30 g)

sal marinho em flocos

A simples menção do termo "confitado" faz algumas pessoas desistirem de uma receita, mas não se sinta intimidado! Neste contexto, só é necessário cozinhar o alho lentamente por tanto tempo que o azeite fica maravilhosamente aromatizado e os dentes em si ficam supermacios. O alho confitado pode ser feito com antecedência de até 2 dias e a batata pode ser preparada cerca de 6 horas antes, até o ponto de ir para o forno.

1. Preaqueça o forno a 170°C.

2. Coloque os dentes de alho em uma panela pequena, que possa ir ao forno e que tenha tampa, com a gordura animal e as ervas. Tampe e asse por 40 minutos, até o alho amolecer e caramelizar. Tire do forno, coe a gordura em uma tigela grande resistente ao calor e mantenha lá. Separe o alho e as ervas e reserve.

3. Aumente a temperatura do forno para 220°C.

4. Enquanto isso, leve uma caçarola grande e cheia de água com sal ao fogo alto. Quando estiver fervendo, acrescente a batata e cozinhe por 10 minutos, até que esteja parcialmente cozida. Escorra bem, sacudindo um pouco, depois deixe secando no escorredor por cerca de 10 minutos.

5. Acrescente a batata à tigela de gordura, junto com a farinha de semolina, o kümmel, a *harissa* e 2 colheres (chá) de sal marinho. Misture bem e disponha em uma assadeira grande e forrada com papel-manteiga. Asse por 45 minutos, até dourar, virando a batata uma ou duas vezes. Inclua o alho confitado e as ervas e continue a assar por 10 a 15 minutos, até a batata dourar e ficar crocante. Polvilhe com mais sal, se quiser, e sirva.

Batata-doce frita

Esta receita fica uma delícia como aperitivo ou acompanhamento. No segundo caso, sirva com sour cream, para que cada um mergulhe suas batatas na hora de comer. Pode ser preparada até 6 horas antes, até o ponto de ir ao forno.

1. Preaqueça o forno a 240°C.

2. Em uma tigela grande, misture a batata-doce, a páprica, a pimenta-caiena, o alho, a polenta, o azeite e 1 colher (chá) de sal marinho. Divida tudo (com o azeite) em duas assadeiras grandes e forradas com papel-manteiga e asse por 25 a 30 minutos, mexendo com cuidado uma ou duas vezes, até que a batata-doce esteja cozida, crocante e dourada.

3. Tire do forno e polvilhe por cima sumagre e 1 colher (chá) de sal marinho. Sirva em seguida.

Serve 6 a 8 como acompanhamento

3 batatas-doces bem grandes, sem casca e em palitos de 1,5 cm de espessura (1,2 kg)

1 colher (sopa) de páprica defumada doce

½ colher (chá) de pimenta-caiena

3 dentes de alho
amassados

30 g de polenta

100 ml de azeite

1 colher (sopa) de sumagre

sal marinho em flocos

Vegetais cozidos

Salada de alface e casca de batata assada com *harissa*

Serve 4 a 6

1,2 kg de batatas grandes (3 a 4 batatas)

1 colher (sopa) de *harissa* rosa (ou 50% mais ou menos, dependendo do tipo, ver p. 301) (15 g)

2 colheres (sopa) de azeite

1 alface-americana pequena, aparada e cortada em cunhas de 3 cm de largura (350 g)

5 g de estragão grosseiramente picado

sal

MOLHO

25 g de casca de limão-siciliano em conserva, em fatias finas (de 2 limões-sicilianos pequenos em conserva) (para receita caseira, ver o livro *Jerusalém*)

2 colheres (sopa) de azeite

1 limão-siciliano: rale a casca fino até obter ½ colher (chá), então esprema até obter 1 colher (sopa) de sumo

1 colher (chá) de cominho em grãos, torrado e grosseiramente esmagado

A base desta receita são cascas de batata que você já tem. Pode ser porque você usou o miolo para fazer purê ou, em um dos maiores mistérios da humanidade, seus filhos comeram o miolo da batata recheada e deixaram a melhor parte (ou seja, a casca cozida). De qualquer maneira, não jogue fora: elas dão um toque crocante extra à alface e transformam esta salada em um prato completo que pode ser feito em menos de 30 minutos. Fica maravilhoso acompanhando o frango com crosta de milho (ver p. 236).

Todos os elementos podem ser feitos antes: o molho em até 3 dias e as cascas de batata 1 dia, se mantidas em um pote com tampa em temperatura ambiente. Monte na hora de servir.

1. Preaqueça o forno a 240°C.

2. Coloque a batata em uma assadeira pequena e asse por 50 a 55 minutos, até ficar macia por inteiro. Tire do forno e, quando tiver esfriado o bastante para manipular, corte ao meio, removendo o miolo, mas não todo — deve restar um pouco na casca. Reserve para outra receita (*ver acima*).

3. Rasgue a casca de batata em pedaços de 5 a 6 cm e coloque em uma tigela média com a *harissa*, o azeite e ¼ de colher (chá) de sal. Misture bem e espalhe uniformemente sobre uma grade de resfriamento dentro de uma assadeira grande. Asse por 12 minutos, virando na metade do tempo, até que esteja dourada e crocante. Tire do forno e deixe esfriar. Vai ficar ainda mais crocante. Coloque em uma tigela grande com as cunhas de alface e o estragão.

4. Bata todos os ingredientes para o molho com ¼ de colher (chá) de sal e regue a salada. Misture bem e sirva.

Foto a seguir

Vegetais cozidos

Batata-bolinha com ervilha e coentro

Este é um ótimo acompanhamento para cordeiro e todo tipo de prato primaveril. Se tiver folhas de azedinha, pode acrescentar algumas grosseiramente picadas para uma explosão a mais de sabor. Anchovas também caem bem.

Este prato pode ser feito algumas horas antes — só aqueça quando for servir.

1. Encha uma panela pequena com água e leve ao fogo alto. Deixe ferver, acrescente a ervilha e branqueie por 1 minuto. Escorra e separe ⅓ da ervilha. Coloque o restante em um processador de alimentos com a pimenta dedo-de-moça, o limão-siciliano em conserva, o coentro, o azeite, as raspas de limão-siciliano, ⅓ de colher (chá) de sal e bastante pimenta-do-reino. Bata para formar uma pasta grossa e reserve.

2. Leve uma panela grande cheia de água com sal ao fogo alto. Quando estiver fervendo, acrescente a batata e cozinhe por 15 minutos ou até ficar macia. Escorra e reserve em uma tigela grande. Amasse grosseiramente, deixando pelo menos ⅓ dela inteira. Acrescente a ervilha — tanto a batida quanto a inteira —, o sumo de limão-siciliano e as folhas de coentro. Mexa com cuidado e sirva quente.

Serve 4 como acompanhamento

300 g de ervilha, fresca ou congelada
2 pimentas dedo-de--moça verdes, bem picadas
1 limão-siciliano pequeno em conserva, sementes descartadas (20 g) (para receita caseira, ver o livro *Jerusalém*)
15 g de coentro grosseiramente picado, mais **5 g de folhas** para decorar
60 ml de azeite
1 limão-siciliano pequeno: rale fino a casca de ½, então esprema até obter 1 colher (chá) de sumo
750 g de batata-bolinha, cortadas ao meio se forem muito grandes
sal e pimenta-do-reino

Foto a seguir

Vegetais cozidos

Pizza de batata, anchova e sálvia

Fazer massa de pizza é fácil, e abri-la é muito divertido, além de um ótimo jeito de envolver as crianças na cozinha. Faça a massa até 3 dias antes e leve à geladeira. A batata e o mascarpone podem ser preparados 1 dia antes. Fiz uma pizza sem molho aqui, mas você pode cobri-la com o que quiser.

Rende 2 pizzas. Serve 2 como prato principal com uma salada ou 4 como aperitivo

MASSA

200 g de farinha de trigo, e mais para polvilhar a superfície de trabalho

1 colher (chá) de fermento biológico seco instantâneo

1 colher (sopa) de azeite, e mais para untar

120 ml de água morna

COBERTURA

180 g de batata-bolinha, com casca, fatiada fina no mandolin

3 colheres (sopa) de azeite

200 g de queijo mascarpone

40 g de queijo pecorino romano, ralado fino

4 filés de anchova, escorridos e bem picados

8 folhas de sálvia bem picadas

2 limões-sicilianos: rale a casca fino até obter 2 colheres (chá)

50 g de cebolinha, em fatias finas na diagonal

sal e pimenta-do-reino

1. Coloque a farinha e o fermento biológico em uma tigela grande com o azeite e ½ colher (chá) de sal. Mexa bem, então inclua a água, usando uma espátula para misturar. Transfira para uma superfície levemente

150

Vegetais cozidos

untada com azeite e trabalhe a massa, com as mãos e também com um pouco de azeite, por 5 minutos, até que fique macia e elástica. Acrescente um pouco mais de azeite se começar a grudar. Divida a massa ao meio e transfira as duas metades para uma fôrma grande e forrada com papel-manteiga, bem espaçadas. Cubra com um pano de prato limpo e levemente úmido e deixe crescer em um lugar morno por 60 a 90 minutos, até dobrar de tamanho.

2. Preaqueça o forno a 250°C ou o mais quente possível.

3. Enquanto a massa cresce, faça a cobertura. Em uma tigela pequena, misture a batata, 1 colher (sopa) de azeite, 1/8 de colher (chá) de sal e um bom punhado de pimenta-do-reino. Transfira as fatias de batata para uma fôrma forrada com papel-manteiga, grande o bastante para que as fatias caibam em uma única camada e espaçadas. Asse por 7 minutos, até dourar, e reserve.

4. Em uma tigela pequena, junte o mascarpone, o pecorino, a anchova, a sálvia e as raspas de limão-siciliano com um bom punhado de pimenta-do-reino e reserve.

5. Unte duas fôrmas grandes com azeite. Enfarinhe levemente a superfície de trabalho. Abra um pedaço de massa em um retângulo de 30 cm x 20 cm. Transfira cuidadosamente para a fôrma e repita com a outra metade da massa. Espalhe a mistura de mascarpone uniformemente por cima de ambas as bases, deixando uma folga de 2 cm nas bordas. Polvilhe com cebolinha e disponha uma camada de batata. Regue cada pizza com cerca de 1 colher (sopa) de azeite e asse por 9 minutos, até que a borda esteja crocante e dourada. Sirva quente com um pouco de pimenta-do-reino.

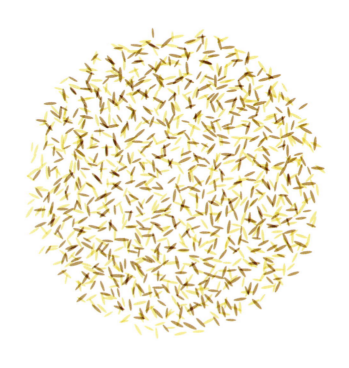

Arroz, grãos e leguminosas

Salada de trigo-sarraceno e vagem

Este prato fica ótimo sozinho ou com salmão grelhado. É bem rápido de fazer — leva menos de 30 minutos se você colocar todos os elementos para cozinhar ao mesmo tempo —, mas também pode ser preparado 1 dia antes, se quiser, e mantidos separadamente na geladeira, prontos para montar antes de servir.

1. Preaqueça o forno a 220°C.

2. Em uma tigela grande, misture a cebola, 1 colher (sopa) de azeite e ⅛ de colher (chá) de sal. Disponha em uma assadeira grande e forrada com papel-manteiga e leve ao forno por 18 a 20 minutos, até cozinhar e dourar. Tire do forno e deixe esfriar.

3. Leve uma panela média com água e um pouco de sal para ferver. Acrescente o trigo-sarraceno e cozinhe por 8 minutos. Adicione a vagem e deixe por mais 5 minutos, até que tudo esteja al dente. Coe, lave em água fria e reserve para secar bem.

4. Junte todos os ingredientes do molho com ⅛ de colher (chá) de sal e reserve.

5. Na hora de servir, tempere a cebola, o trigo-sarraceno, a vagem, a hortelã e o estragão com a colher (sopa) de azeite restante e ½ colher (chá) de sal. Você pode transferir a salada para a tigela em que for servir e mandar o molho para a mesa separado ou incluí-lo antes. Polvilhe com pimenta-calabresa em flocos e sirva.

Serve 4

2 cebolas-roxas, sem casca e cortadas em cunhas de 2 cm de largura (300 g)

2 colheres (sopa) de azeite

90 g de trigo-sarraceno

350 g de vagem, aparada e cortada ao meio

5 g de folhas de hortelã grosseiramente picadas

5 g de folhas de estragão grosseiramente picadas

1 colher (chá) de pimenta urfa em flocos (ou ½ colher [chá] de pimenta-calabresa em flocos), para servir

sal

MOLHO

100 g de iogurte grego

1 dente de alho pequeno, amassado

1 colher (sopa) de azeite

2 colheres (chá) de sumo de limão-siciliano

¼ de colher (chá) de hortelã seca

Arroz, grãos e leguminosas

Cuscuz com tomate-cereja e ervas

Serve 4

250 g de cuscuz

90 ml de azeite

2 colheres (chá) de tempero *ras el hanout*

400 ml de água fervente

300 g de tomate-cereja

2 cebolas, em rodelas finas (300 g)

30 g de uvas-passas brancas ou pretas

1 colher (chá) de cominho em grãos, torrado e levemente esmagado

50 g de amêndoa torrada e salgada, grosseiramente picada

15 g de folhas de coentro grosseiramente picadas

15 g de folhas de hortelã grosseiramente rasgadas

1 limão-siciliano: rale a casca fino até obter 1 colher (chá), então esprema até obter 1 colher (sopa) de sumo

sal e pimenta-do-reino

Esta é a salada perfeita para um churrasco de verão, acompanhando muito bem todo tipo de carne ou vegetal grelhado. Faça a mistura de cuscuz, cebola e uva-passa no dia anterior, se quiser, e mantenha separadamente na geladeira; leve à temperatura ambiente antes de servir.

1. Coloque o cuscuz em um prato médio. Inclua 2 colheres (sopa) de azeite, 1 colher (chá) da mistura marroquina de temperos conhecida como *ras el hanout*, ¾ de colher (chá) de sal e bastante pimenta-do-reino. Despeje a água fervente, mexa, cubra bem o prato com papel-alumínio e reserve por 20 minutos. Tire o papel-alumínio, solte o cuscuz com um garfo e deixe esfriar.

2. Ponha 1 colher (sopa) de azeite em uma frigideira grande e leve ao fogo alto. Quando estiver quente, acrescente o tomate e frite por 3 a 4 minutos, mexendo de vez quando, até que tenha começado a escurecer e estourar. Tire da frigideira, polvilhe com uma pitada de sal e reserve com os sumos.

3. Limpe a frigideira, acrescente as 3 colheres (sopa) de azeite restantes e devolva ao fogo médio-alto. Acrescente a cebola, a colher (chá) de *ras el hanout* restante e ⅛ de colher (chá) de sal. Deixe por 10 a 12 minutos, mexendo, até ficar dourada e macia. Desligue o fogo, inclua a uva-passa e deixe esfriar.

4. Quando o cuscuz tiver esfriado levemente, transfira para uma tigela grande. Acrescente a cebola com uva-passa e mexa. Adicione o cominho, a amêndoa, as ervas, as raspas e o sumo de limão-siciliano, ¼ de colher (chá) de sal e uma pitada generosa de pimenta-do-reino. Misture com cuidado.

5. Transfira para uma travessa e cubra com o tomate.

Foto a seguir

Ensopado de lentilha e berinjela

Poucas coisas me dão mais prazer na cozinha que pegar uma série de ingredientes familiares e fazer algo novo com eles. Aconteceu comigo com este ensopado e com o prato de lentilha e berinjela da p. 166. As duas listas de ingredientes são muito similares — berinjela, tomate-cereja, azeite, alho e orégano. Ambos os pratos — embora igualmente deliciosos — são completamente diferentes. É uma das muitas razões pelas quais amo berinjela: é tão versátil e pode ser preparada de inúmeras maneiras diferentes e chegar a resultados muito diferentes também.

Sirva como uma bela entrada, acompanhamento ou como prato principal, servido com qualquer outro grão como base. A receita pode ser feita até 3 dias antes e mantida na geladeira — só aqueça e, antes de servir, acrescente o creme de leite fresco, o azeite, a pimenta-calabresa em flocos e o orégano.

1. Coloque 2 colheres (sopa) de azeite em uma frigideira grande com lateral alta e leve ao fogo médio-alto. Acrescente o alho, a cebola, o tomilho e ¼ de colher (chá) de sal e cozinhe por 8 minutos, mexendo com frequência, até amolecer e dourar. Transfira para uma tigela, deixando o azeite. Reserve.

2. Coloque a berinjela e o tomate em uma tigela e tempere com ¼ de colher (chá) de sal e bastante pimenta-do-reino. Acrescente o restante do azeite à mesma frigideira (não se preocupe em limpar). Quando estiver bem quente, inclua a berinjela e o tomate. Cozinhe por 10 minutos em fogo médio-alto, virando com frequência até que a berinjela esteja macia e dourada e o tomate comece a escurecer. Devolva o alho e a cebola à frigideira, adicione a lentilha, o caldo, o vinho, 450 ml de água e ¾ de colher (chá) de sal. Deixe ferver. Reduza para fogo baixo e deixe cozinhar por cerca de 40 minutos, até que a lentilha amoleça, mas mantenha a textura.

3. Sirva quente ou em temperatura ambiente, com uma colherada de creme de leite fresco, azeite, pimenta-calabresa em flocos e orégano por cima.

Serve 4 como entrada ou acompanhamento, 2 como prato principal

3 colheres (sopa) de azeite, e um pouco mais para servir

3 dentes de alho, em fatias finas

1 cebola-roxa grande, bem picada (160 g)

½ colher (sopa) de folhas de tomilho

2 berinjelas pequenas, cortadas em pedaços de cerca de 5 cm x 2 cm (420 g)

200 g de tomate-cereja

180 g de lentilha de Puy

500 ml de caldo de legumes

80 ml de vinho branco seco

100 g de creme de leite fresco

1 colher (chá) de pimenta urfa em flocos (ou ½ colher [chá] de pimenta-calabresa em flocos)

2 colheres (chá) de folhas de orégano

sal e pimenta-do-reino

Foto a seguir

Arroz, grãos e leguminosas

Triguilho com tomate, berinjela e iogurte de limão

Serve 4 como prato principal ou 8 como acompanhamento

2 berinjelas, cortadas em pedaços de 3 cm (500 g)

105 ml de azeite

2 cebolas, em fatias finas (320 g)

3 dentes de alho amassados

1 colher (chá) de pimenta-da-jamaica em pó

400 g de tomate-cereja

1 colher (sopa) de extrato de tomate

250 g de triguilho

200 g de iogurte grego

1 limão-siciliano pequeno em conserva, sem sementes, com casca e polpa bem picadas (25 g) (para receita caseira, ver o livro *Jerusalém*)

10 g de folhas de hortelã bem picadas

sal e pimenta-do-reino

Você pode fazer só o triguilho e o tomate, se quiser (sem a berinjela e o iogurte de limão-siciliano em conserva), e servir como acompanhamento. Com a berinjela e o iogurte, no entanto, resulta em um prato vegetariano muito satisfatório. Você pode fazer todos os elementos até 1 dia antes — só mantenha tudo separado na geladeira, esquente e monte antes de servir.

1. Preaqueça o forno a 220°C.

2. Coloque a berinjela em uma tigela grande com 4 colheres (sopa) de azeite, ½ colher (chá) de sal e um bom punhado de pimenta-do-reino. Misture bem e disponha tudo em uma assadeira grande e forrada com papel-manteiga. Asse por 35 a 40 minutos, virando na metade do tempo, até que as berinjelas estejam macias e caramelizadas. Tire do forno e reserve.

3. Acrescente o restante do azeite em uma frigideira grande (que tenha tampa) e leve ao fogo médio-alto. Quando estiver quente, junte a cebola e refogue por 8 minutos, mexendo de vez em quando, até que estejam caramelizadas e macias. Adicione o alho e a pimenta-da-jamaica e deixe por 1 minuto, mexendo sempre, até que o alho solte seu aroma e comece a dourar. Junte o tomate-cereja, amassando com um espremedor de batata para quebrar. Inclua o extrato de tomate, 400 ml de água e 1 colher (chá) de sal. Deixe ferver, reduza o fogo para médio-baixo, tampe e cozinhe por 12 minutos. Acrescente o triguilho, misture bem e desligue o fogo. Reserve por 20 minutos para que todo o líquido seja absorvido.

4. Em uma tigela média, junte o iogurte, o limão-siciliano em conserva, metade da hortelã e ⅛ de colher (chá) de sal.

5. Divida o triguilho em quatro pratos. Sirva com o iogurte e a berinjela em cima e polvilhe o restante da hortelã.

Arroz, grãos e leguminosas

Triguilho com cogumelo e feta

Esta receita pode ser servida como acompanhamento ou prato principal, com verduras refogadas. Pegue uma variedade tão grande de cogumelos quanto puder e gostar. Agradeço a Limor Laniado Tiroche, que escreve sobre culinária para o Haaretz *e inspirou este prato.*

Serve 4 como acompanhamento ou 2 como prato principal

150 g de triguilho
250 ml de água fervente
65 ml de azeite
1 cebola grande, em fatias finas (170 g)
1 colher (chá) de cominho em grãos
500 g de cogumelos variados, em fatias de 4 a 5 mm de espessura (ou rasgados, se selvagens)
2 colheres (sopa) de folhas de tomilho
2 colheres (sopa) de vinagre balsâmico
10 g de endro grosseiramente picado, e mais para servir
60 g de queijo feta quebrado em pedaços de 1 a 2 cm
1 colher (chá) de pimenta urfa em flocos (ou ½ colher [chá] de pimenta-calabresa em flocos)
sal e pimenta-do-reino

Arroz, grãos e leguminosas

1. Lave o triguilho e coloque em uma tigela grande. Tempere com ¼ de colher (chá) de sal e um bom punhado de pimenta-do-reino, então despeje água fervente por cima. Cubra a tigela com filme plástico e reserve por 20 minutos, até que o líquido tenha sido absorvido e o triguilho esteja macio. Se restar líquido, escorra e depois reserve.

2. Enquanto isso, coloque 2 colheres (sopa) de azeite em uma frigideira grande e leve ao fogo médio-alto. Acrescente a cebola e frite por 7 a 8 minutos, até amolecer e caramelizar. Junte ½ colher (chá) de cominho e deixe por 1 a 2 minutos, até dourar bem. Tire da frigideira e reserve.

3. Acrescente 2 colheres (sopa) de azeite à mesma frigideira e aumente o fogo para alto. Inclua os cogumelos e ½ colher (chá) de sal e frite por 6 a 7 minutos, mexendo com frequência, até que tenham escurecido e amolecido. Adicione a ½ colher (chá) restante de cominho e o tomilho e deixe por 1 minuto, mexendo sempre. Despeje o vinagre balsâmico e continue a cozinhar por cerca de 30 segundos: deve reduzir e quase desaparecer. Junte o triguilho, a cebola, o endro, o feta e a pimenta-calabresa em flocos e mantenha no fogo até aquecer tudo.

4. Disponha o triguilho e os cogumelos em uma travessa grande ou em dois pratos individuais. Polvilhe por cima mais endro, regue com o restante do azeite e sirva.

Arroz, grãos e leguminosas

Lentilha com berinjela, tomate e iogurte

Para simplificar, assei a berinjela desta receita no forno quente. No entanto, se quiser que o gosto de defumado apareça, é melhor colocá-la direto na boca do fogão. Forro o meu com papel-alumínio quando vou fazer isso (fazendo um buraco para que a chama saia), e uso uma pinça grande para virar a berinjela de modo que ela queime por inteiro. Esse método pode fazer um pouco de sujeira, mas o lado bom é que assim leva apenas de 15 a 20 minutos para preparar a berinjela, em vez de 1 hora, e o gosto defumado é muito mais intenso.

O prato pode ser feito até 3 dias antes, sem que o iogurte seja acrescentado. Mantenha na geladeira até a hora de servir.

Serve 4 como entrada ou acompanhamento, 2 como prato principal

- **4 berinjelas,** espetadas algumas vezes com uma faca (1,1 kg)
- **300 g de tomate-cereja**
- **160 g de lentilha de Puy** (ou 350 g de lentilha cozida, se quiser economizar tempo)
- **2 colheres (sopa) de azeite,** e mais para regar
- **1½ colher (sopa) de sumo de limão-siciliano**
- **1 dente de alho pequeno,** amassado
- **3 colheres (sopa) de folhas de orégano**
- **100 g de iogurte grego**
- **sal e pimenta-do-reino**

Arroz, grãos e leguminosas

1. Preaqueça o forno a 250°C ou o mais quente possível.

2. Coloque a berinjela em uma assadeira e asse por 1 hora, virando na metade do tempo, até que esteja bem macia e levemente defumada. Tire do forno e, quando estiver fria o bastante para manipular, separe o miolo e transfira para um escorredor. Reserve sobre uma tigela ou em cima da pia, por 30 minutos, para que qualquer líquido escorra. A casca pode ser descartada.

3. Coloque o tomate-cereja na mesma assadeira e leve ao forno por 12 minutos, até escurecer levemente e abrir. Tire e reserve.

4. Enquanto isso, se for usar lentilha seca, encha uma panela média de água e leve ao fogo alto. Quando estiver fervendo, acrescente a lentilha, abaixe o fogo para médio e cozinhe por 20 minutos, até que amoleça, mas sem perder a textura. Escorra e reserve para secar um pouco. Se estiver usando lentilha cozida, coloque direto em uma tigela grande e acrescente o miolo da berinjela, o tomate, o azeite, o sumo de limão-siciliano, o alho, 2 colheres (sopa) de orégano, ¾ de colher (chá) de sal e um bom punhado de pimenta-do-reino. Misture bem e transfira para uma tigela grande e rasa. Cubra com o iogurte, mexendo levemente, mas deixando porções maiores concentradas. Polvilhe por cima a colher (sopa) de orégano restante, regue com um pouco de azeite e sirva.

Arroz, grãos e leguminosas

Arroz integral com cebola caramelizada e alho negro

Serve 4 como acompanhamento

65 ml de óleo de girassol

2 cebolas grandes, sem casca e cortadas em cunhas de 2 cm de largura (500 g)

1 limão-siciliano: tiras finas da casca, mais 2 colheres (sopa) de sumo

200 g de arroz integral, lavado

10 dentes de alho negro, em fatias finas

150 g de iogurte grego

10 g de folhas de salsinha grosseiramente picadas

sal

Este rico prato de arroz é um ótimo acompanhamento para cordeiro ou porco, mas também fica excelente sozinho, com vegetais frescos ou cozidos no vapor. Também é uma boa introdução ao alho negro para quem não o conhece. Seu sabor de vinagre balsâmico e alcaçuz e a textura pastosa facilitam fatiar ou esmagar, de modo que fica ainda mais fácil acrescentar uma porção de sabor a todo tipo de prato. Não tenha medo de caramelizar bem a cebola: quanto mais escura a cor, mais doce o sabor. Ela pode ser feita 1 dia antes e mantida na geladeira.

1. Despeje 50 ml de óleo em uma frigideira grande que tenha tampa e leve ao fogo médio-alto. Quando estiver quente, acrescente a cebola e ¼ de colher (chá) de sal, então frite por 12 minutos, mexendo de vez em quando para não queimar. Acrescente a casca de limão-siciliano e cozinhe por mais 12 minutos, mexendo de vez em quando, até que a cebola esteja escura e caramelizada. Transfira para um prato e reserve.

2. Coloque a colher (sopa) de óleo restante na frigideira, acrescente o arroz e ½ colher (chá) de sal. Deixe por 1 minuto, mexendo sempre, então junte 500 ml de água. Deixe ferver e depois reduza o fogo para médio-baixo. Tampe e deixe cozinhar em fogo baixo por cerca de 45 minutos. Desligue o fogo e inclua a cebola, o sumo de limão-siciliano e o alho negro. Sirva em seguida, com uma colherada generosa de iogurte e salsinha por cima; você também pode servir o iogurte em uma tigela separada.

Arroz ao forno com hortelã, romã e molho de azeitona

Cozinhar perfeitamente o arroz é uma dessas coisas que não deveriam ser complicadas, mas acabam tornando-se surpreendentemente difíceis para alguns. Fazer ao forno, por outro lado, como aqui, é um método à prova de erro (e que funcionou à perfeição quanto tive que cozinhar para mais de setecentas pessoas em duas levas no Wilderness Festival de 2017!). Este é um ótimo acompanhamento para todo tipo de prato: de tubérculos assados a cordeiro ou porco.

Para adiantar, o molho pode ser feito algumas horas antes e mantido na geladeira.

1. Preaqueça o forno a 250°C ou o mais quente possível.

2. Coloque o arroz em uma travessa refratária de 20 cm x 30 cm. Tempere com ¾ de colher (chá) de sal e bastante pimenta-do-reino, despeje por cima a manteiga e a água fervente. Salpique os ramos de hortelã e cubra bem com papel-alumínio. Asse por 25 minutos, até que o arroz esteja leve e fofo e todo o líquido tenha sido absorvido.

3. Enquanto isso, coloque todos os ingredientes do molho, exceto os 10 g de folhas de hortelã rasgadas, em uma tigela média com ¼ de colher (chá) de sal. Misture bem e reserve.

4. Tire o arroz do forno, remova e descarte o papel-alumínio. Separe as folhas dos ramos de hortelã — os talos podem ser descartados —, devolva ao arroz e polvilhe com o feta. Antes de servir, inclua as folhas rasgadas no molho e distribua uniformemente sobre o arroz. Sirva quente.

Serve 6

400 g de arroz basmati

50 g de manteiga sem sal, derretida

800 ml de água fervente

50 g de hortelã (40 g em ramos; 10 g com as folhas soltas e rasgadas, para usar no molho)

150 g de queijo feta, quebrado em pedaços de 1 a 2 cm

sal e pimenta-do-reino

MOLHO

40 g de azeitonas verdes sem caroço, em rodelas finas

sementes de 1 romã pequena (90 g)

50 g de nozes em metades, torradas e grosseiramente quebradas

3 colheres (sopa) de azeite

1 colher (sopa) de melaço de romã

1 dente de alho pequeno, amassado

Arroz tailandês com gengibre, pimenta e amendoim crocantes

O arroz glutinoso, encontrado na seção de importados ou em lojas de alimentos asiáticos, fica ótimo puro, para acompanhar todo tipo de prato de peixe ou carne, mas a cobertura crocante o deixa ainda mais especial. Gosto de servir com o peixe inteiro assado (ver p. 260) ou tofu frito, uma iguaria bastante comum na Ásia. Corte tudo antes de começar, de modo que esteja pronto para jogar na panela quando estiver quente, em vez de começar os palitinhos nesse estágio.

1. Coloque o arroz em uma panela média, que tenha tampa, com ½ colher (chá) de sal e 600 ml de água. Deixe ferver, então reduza o fogo para médio-baixo e deixe por 15 minutos. Desligue o fogo e reserve, sem tirar a tampa, por 5 minutos.

2. Enquanto o arroz cozinha, coloque o óleo em uma frigideira média e leve ao fogo médio-alto. Quando estiver quente, acrescente o gengibre, o alho e a pimenta dedo-de-moça e frite por 3 a 4 minutos, mexendo com frequência, até começar a dourar. Acrescente o coentro, o amendoim, o gergelim e uma pitada generosa de sal e deixe por 1 a 2 minutos, até dourar bem. Coloque em cima do arroz e sirva com as cunhas de limão.

Serve 6 como acompanhamento

400 g de arroz glutinoso
1 ½ colher (sopa) de óleo de amendoim
1 pedaço de gengibre de 5 cm, sem casca e em tiras finas e uniformes (40 g)
3 dentes de alho, em fatias finas
2 pimentas dedo-de--moça, em tiras finas e uniformes
30 g de coentro, em pedaços de 3 cm
25 g de amendoim torrado e salgado, grosseiramente picado
1 colher (sopa) de gergelim
1 limão-taiti, cortado em 6 cunhas, para servir
sal

Arroz ao forno com tomate confitado e alho

Serve 6 como acompanhamento ou 4 como prato principal

800 g de tomate-cereja
12 dentes de alho grandes (ou 25 normais), sem casca (85 g)
4 chalotas grandes, sem casca e cortadas em pedaços de 3 cm (220 g)
25 g de coentro, cortado em pedaços de 4 cm, mais **10 g de folhas**, grosseiramente picadas, para servir
3 colheres (sopa) de folhas de tomilho (10 g)
4 paus de canela pequenos
100 ml de azeite
300 g de arroz basmati
600 ml de água fervente
sal e pimenta-do-reino

Recorri a este acompanhamento por alguns meses, já que combina com o que houver na mesa. Ele também reúne diferentes sabores, de modo que fica ótimo sozinho, como prato principal.

É cansativo descascar tantos dentes de alho, eu sei, mas para compensar o arroz é levado ao forno, e não à boca do fogão. Para aqueles que consideram estranhamente difícil cozinhar o arroz perfeito, é uma revelação. Apenas se certifique de que o papel-alumínio esteja bem firme sobre a travessa: você não quer que o vapor do cozimento escape para o forno.

1. Preaqueça o forno a 180°C.

2. Disponha o tomate, o alho, a chalota, as ervas e os paus de canela em uma travessa refratária alta de cerca de 20 cm x 30 cm. Inclua o azeite, ½ colher (chá) de sal e uma pitada de pimenta-do-reino e deixe no forno por 1 hora, até que os vegetais amoleçam. Tire, distribua o arroz uniformemente por cima dos vegetais, sem misturar, e reserve.

3. Aumente a temperatura do forno para 240°C.

4. Salpique ½ colher (chá) de sal e bastante pimenta-do-reino por cima do arroz, então despeje com cuidado a água fervente por cima. Cubra bem com papel-alumínio e coloque no forno por 25 minutos, até que o arroz esteja cozido. Tire do forno e reserve por 10 minutos, ainda fechado. Remova o papel-alumínio, jogue as folhas de coentro por cima, incorpore com cuidado e sirva.

Macarrão e massa

Macarrão e massa

Salada de bifum com pepino e semente de papoula

Serve 6 a 8

60 ml de vinagre de maçã

30 g de açúcar

1 cebola-roxa pequena, em fatias finas (120 g)

1 pedaço de gengibre de 5 cm, sem casca e em tiras finas e uniformes (40 g)

150 g de bifum, quebrado grosseiramente em pedaços de 15 cm

3 colheres (sopa) de azeite

1 maçã-verde, sem o miolo, em cunhas de 2 mm de espessura (120 g)

1 pepino grande, com casca, cortado ao meio no sentido do comprimento, sem sementes e cortado em tiras finas e compridas (250 g)

2 pimentas dedo-de-moça, sem sementes e em tiras finas e uniformes

15 g de folhas de hortelã, inteiras ou grosseiramente picadas

15 g de folhas de estragão, inteiras ou grosseiramente picadas

1 colher (sopa) de sementes de papoula

sal

Para quem acha que esta lista de ingredientes parece estranhamente longa para um livro de receitas simples, devo dizer que estou muito satisfeito com a maneira como consegui diminuí-la. Meu costume de comprar metade do estoque dos mercados asiáticos quando estou fazendo saladas com macarrão de arroz está documentado em cartas de alguns dos meus leitores ao longo dos anos, endereçadas ao Guardian.

Todos os elementos podem ser preparados algumas horas antes — e a cebola e o gengibre, no dia anterior —, de modo que só reste montar na hora de servir.

1. Misture o vinagre e o açúcar em uma tigela média, até que o açúcar dissolva. Acrescente a cebola e o gengibre e mexa. Reserve por cerca de 30 minutos, mexendo de vez em quando, para amolecer.

2. Coloque o bifum em uma tigela grande e acrescente água fervente o bastante para cobrir. Reserve por 15 a 20 minutos, até que o bifum amoleça, então escorra bem. Misture 1 colher (sopa) de azeite e reserve em uma tigela grande para esfriar.

3. Acrescente o restante dos ingredientes ao bifum, mais a cebola, o gengibre e os sucos, 2 colheres (sopa) de azeite e 1½ colher (chá) de sal. Misture bem e sirva em seguida.

Sobá com avocado, cardamomo e limão

Raspar 12 bagas de cardamomo para extrair as sementes e esmagar para obter ½ colher (chá) pode parecer trabalho demais, mas são minutos bem gastos. É o sabor frutado, floral e cítrico da especiaria que torna este prato muito especial.

Gosto de comê-lo sozinho, em um almoço rápido ou jantar leve, ou com camarão ou tofu acrescentados na hora de servir. Também pode acompanhar salmão grelhado ou ser servido com ovos cozidos moles por cima.

1. Cozinhe o sobá de acordo com as instruções da embalagem (que variam de acordo com a marca). Lave em água fria corrente e deixe escorrer bem.

2. Com o lado chato de uma faca, esmague as bagas de cardamomo para abri-las. Raspe as sementes e passe para um pilão, descartando as bagas. Esmague as sementes — você deve chegar a cerca de ½ colher (chá) — e coloque em uma tigela grande com o sobá. Acrescente o manjericão, o coentro, o pistache, as raspas e o sumo de limão, o óleo de amendoim, a pimenta, o avocado e ½ colher (chá) de sal. Misture bem e divida entre quatro tigelas. Ponha o que sobrar de avocado, pistache ou ervas por cima. Polvilhe com sementes de nigela ou pimenta urfa em flocos, se for usar, e sirva com uma cunha de limão ao lado.

Serve 4

200 g de sobá de trigo-sarraceno (ou, se encontrar, sobá de chá verde)

12 bagas de cardamomo verde

30 g de folhas de manjericão grosseiramente picadas

30 g de folhas de coentro grosseiramente picadas

70 g de pistache grosseiramente picado

3 limões-taiti: rale fino a casca de 2 para obter 1 colher (chá), então esprema 2 para obter 2 colheres (sopa) de sumo; corte o último em 4 cunhas, para servir

3 colheres (sopa) de óleo de amendoim

1 pimenta dedo-de-moça verde, sem sementes e em rodelas finas

2 avocados maduros, cortados em fatias de 0,5 cm

¼ de colher (chá) de sementes de nigela ou pimenta urfa em flocos, para polvilhar (opcional)

sal

Espaguete de alga com molho de tahine e gergelim

O espaguete de algas tem uma textura similar à do bifum, mas deixa o prato mais salgado. Nanami togarashi é uma pimenta asiática que cai muito bem aqui, mas a pimenta-calabresa em flocos é uma boa alternativa.

Este prato fica ótimo sozinho, como um almoço leve ou uma entrada, ou acompanhando arroz glutinoso. Também funciona bem com peixes oleosos — cavalinha ou salmão grelhados — ou camarão.

Sirva assim que tiver misturado, pois o pepino solta água com o tempo. O molho pode ser feito até 2 dias antes.

1. Coloque todos os ingredientes do molho em uma tigela pequena, misture bem e reserve.

2. Leve o espaguete de alga a uma panela média e cubra com água fria. Deixe ferver, reduza para fogo baixo e cozinhe por 15 minutos, até ficar al dente. Escorra, lave em água fria, seque com cuidado e reserve. Coloque em uma tigela grande com o pepino, o gergelim, o coentro, o molho e ½ colher (chá) de sal. Divida entre tigelas (ou disponha em uma travessa grande), polvilhe com pimenta-calabresa em flocos e sirva em seguida.

Serve 4

50 g de espaguete de alga
1 pepino grande, sementes descartadas, cortado em tiras finas e compridas (250 g)
20 g de gergelim branco ou preto, ou uma mistura de ambos, ligeiramente tostado
15 g de folhas de coentro
½ colher (chá) de pimenta-calabresa em flocos (ou pimenta nanami togarashi, se encontrar)
sal

MOLHO DE TAHINE
1 colher (chá) de mel
1 ½ colher (chá) de vinagre de arroz
1 colher (sopa) de mirin
1 colher (chá) de mostarda de Dijon
1 ½ colher (chá) de shoyu
1 colher (sopa) de tahine
1 colher (sopa) de óleo de amendoim

Macarrão e massa

Espaguete à Norma

Depois de um dia de teste na cozinha, comendo o tempo inteiro, há apenas uns poucos pratos que fico feliz em fazer e comer quando chego em casa. Este é um deles. Se você gosta de se organizar e cozinhar em levas, dobre ou triplique a receita do molho de tomate para poder usar quando quiser — ele pode ser mantido na geladeira por 5 dias ou congelado. A berinjela dura 1 dia depois de assada (em temperatura ambiente ou na geladeira), se quiser adiantar também.

Varie com ricota firme, que é mais saborosa, no lugar do pecorino romano. Fica muito boa em lascas no espaguete.

Serve 4

- **3 berinjelas** (900 g)
- **120 ml de azeite**
- **5 dentes de alho,** em fatias finas
- **1 a 2 pimentas dedo-de-moça secas** (sem sementes, se não quiser muito picante)
- **800 g de tomate italiano em lata**
- **5 ramos grandes de orégano** (8 g)
- **1 colher (chá) de açúcar**
- **300 g de espaguete**
- **45 g de queijo pecorino romano maduro** (ou ricota seca com sal), em lascas
- **20 g de folhas de manjericão** rasgadas
- **sal e pimenta-do-reino**

Macarrão e massa

1. Preaqueça o forno a 240°C.

2. Usando um descascador de legumes e trabalhando de cima para baixo em cada berinjela, tire longas tiras alternadas da casca de modo que fique listrada, como uma zebra. Corte em rodelas de 1 cm de espessura e junte em uma tigela com 75 ml de azeite, ¾ de colher (chá) de sal e uma pitada generosa de pimenta-do-reino. Misture bem e disponha em duas assadeiras grandes e forradas com papel-manteiga. Asse por 30 a 35 minutos, até dourar bem. Tire do forno e deixe esfriar.

3. Coloque 2 colheres (sopa) de azeite em uma frigideira e leve ao fogo médio-alto. Acrescente o alho e a pimenta dedo-de-moça e deixe por 1 a 2 minutos, mexendo constantemente, até o alho dourar. Acrescente o tomate, o orégano, o açúcar, ½ colher (chá) de sal e um pouco de pimenta-do-reino. Reduza o fogo para médio-baixo e cozinhe por 10 minutos, até o molho engrossar. Remova os ramos de orégano e inclua a berinjela. Reserve.

4. Leve uma caçarola grande de água com sal para ferver e acrescente o espaguete. Cozinhe até ficar al dente, então escorra, guardando um pouco da água do cozimento. Acrescente o espaguete ao molho e misture bem, acrescentando ⅔ do pecorino e do manjericão, além de algumas colheres (sopa) da água do cozimento se o molho ficar grosso demais.

5. Divida o espaguete em quatro pratos e cubra com o restante do pecorino, do manjericão e do azeite e então sirva.

Fettuccine com molho apimentado de tomate-cereja

Quando encontrar tomate-cereja maduro e doce, compre uma grande leva para fazer o dobro ou o triplo da quantidade de molho. Leva um tempo para cozinhar — pouco mais de 1 hora —, mas dura 5 dias na geladeira e até 1 mês no congelador. A pimenta ancho confere uma riqueza defumada especial, mas pode ser substituída por ¼ de colher (chá) de páprica defumada doce, se for o que tiver em mãos. Se não quiser tão picante, outra opção é simplesmente cortar a pimenta.

1. Coloque o azeite em uma frigideira grande e leve ao fogo médio-alto. Quando estiver quente, acrescente o alho e frite por até 1 minuto, mexendo de vez em quando, até começar a caramelizar. Acrescente o tomate com cuidado, para que o azeite não espirre, depois o açúcar, a pimenta e ½ colher (chá) de sal. Adicione 200 ml de água e mexa por 4 minutos, até o tomate começar a desmanchar e o líquido borbulhar. Reduza o fogo para médio-baixo e cozinhe por cerca de 1 hora, mexendo de vez em quando, até o tomate e a pimenta desmancharem e o molho engrossar. Inclua o manjericão e reserve em um lugar morno.

2. Encha uma panela grande com água salgada e leve ao fogo alto. Deixe ferver e acrescente o macarrão. Cozinhe por 10 a 12 minutos ou seguindo as instruções da embalagem, até ficar al dente. Escorra o macarrão e misture com o molho. Divida entre pratos, polvilhe com parmesão e sirva.

Serve 4

75 ml de azeite

2 dentes de alho, em fatias finas

1 kg de tomate-cereja, cortado ao meio

½ colher (chá) de açúcar (ou um pouco mais ou menos, dependendo da doçura do tomate)

1 pimenta ancho seca, rasgada

20 g de folhas de manjericão

400 g de fettuccine (ou espaguete)

35 g de queijo parmesão, ralado fino

sal

Pappardelle com *harissa*, azeitona preta e alcaparra

Serve 4

2 colheres (sopa) de azeite

1 cebola grande, em fatias finas (220 g)

3 colheres (sopa) de *harissa* rosa (ou 50% mais ou menos, dependendo do tipo, ver p. 301) (45 g)

400 g de tomate-cereja cortado ao meio

55 g de azeitona grega kalamata sem caroço, rasgada ao meio

20 g de alcaparras

15 g de salsinha grosseiramente picada

500 g de pappardelle seco (ou outro macarrão largo e chato)

120 g de iogurte grego

sal

O nome desse macarrão vem de "pappare", que significa "papar". É o que você vai fazer com este prato, e é o que acontece na casa de Tara na maior parte das noites de domingo, quando o marido dela, Chris, o prepara. Gosto do toque apimentado, mas a quantidade de harissa pode ser facilmente reduzida. Faça o molho 3 dias antes se quiser e mantenha na geladeira até usar.

1. Coloque o azeite em uma frigideira grande que tenha tampa e leve ao fogo médio-alto. Quando estiver quente, acrescente a cebola e frite por 8 minutos, mexendo de vez em quando, até amolecer e caramelizar. Acrescente a *harissa*, o tomate, a azeitona, a alcaparra e ½ colher (chá) de sal e refogue por 3 a 4 minutos, mexendo com frequência, até o tomate começar a se desfazer. Adicione 200 ml de água e mexa. Quando estiver fervendo, reduza o fogo para médio-baixo, tampe a frigideira e deixe cozinhar por 10 minutos. Destampe e deixe por mais 4 a 5 minutos, até o molho engrossar. Junte 10 g de salsinha e reserve.

2. Enquanto isso, encha uma caçarola grande de água com sal e leve ao fogo alto. Quando estiver fervendo, acrescente o pappardelle e cozinhe de acordo com as instruções da embalagem, até ficar al dente. Escorra bem.

3. Devolva o macarrão à caçarola com o molho de *harissa* e ⅛ de colher (chá) de sal. Misture bem e divida entre quatro pratos. Sirva quente, com uma colherada de iogurte e a salsinha restante polvilhada por cima.

Foto à direita, com Macarrão com grão-de-bico e zaatar (p. 191)

Macarrão com grão-de-bico e *zaatar*

"Gigli" significa "lírios" em italiano, e as bordas florais desta massa funcionam muito bem com o molho de grão-de-bico e anchova. O molho também adere muito bem ao orecchiette (em forma de orelha) e ao conchiglie (em forma de concha), de modo que podem ser usados aqui.

1. Coloque o azeite em uma frigideira grande e leve ao fogo alto. Acrescente a cebola, o alho, o cominho, o tomilho, a anchova, a casca de limão-siciliano, ½ colher (chá) de sal e um bom punhado de pimenta-do-reino. Frite por 3 a 4 minutos, mexendo com frequência, até amolecer e dourar. Reduza o fogo para médio-alto, adicione o grão-de-bico e o açúcar e deixe por mais 8 minutos, mexendo de vez em quando, até o grão-de-bico começar a dourar e ficar crocante. Acrescente o caldo de galinha e o sumo de limão-siciliano e deixe cozinhar em fogo baixo por 6 minutos, até o molho reduzir levemente. Desligue o fogo e reserve. Você pode fazer isso antes, se quiser, e esquentar antes de servir.

2. Leve uma panela grande de água com sal para ferver. Acrescente o macarrão e cozinhe por 8 minutos ou de acordo com as instruções da embalagem, até ficar al dente. Escorra e reserve.

3. Junte o espinafre e a salsinha ao grão-de-bico: o calor residual do molho deve cozinhar o espinafre, mas, se não murchar, só aqueça o grão-de-bico com cuidado no forno. Transfira o macarrão para a panela do grão-de-bico e mexa bem. Divida entre quatro pratos e polvilhe com *zaatar*. Finalize com um fio de azeite e sirva.

Serve 4

45 ml de azeite, e mais para servir

½ cebola bem picada (100 g)

2 dentes de alho amassados

2 colheres (chá) de cominho em pó

10 g de folhas de tomilho bem picadas

25 g de filés de anchova conservada no azeite, escorridos e bem picados (cerca de 7)

1 limão-siciliano: faça tiras finas da casca de ½, então esprema até obter 2 colheres (sopa) de sumo

800 g de grão-de-bico cozido, escorrido (480 g)

1 colher (chá) de açúcar mascavo

400 ml de caldo de galinha

200 g de macarrão gigli (ou conchiglie ou orecchiette)

50 g de folhas de espinafre baby

15 g de salsinha grosseiramente picada

1½ colher (chá) de zaatar

sal e pimenta-do-reino

Macarrão com camarão, tomate e feta marinado

Adoro a combinação de camarão, feta, tomate e macarrão. Sempre recorro a ela quando quero fazer todo o jantar sujando uma única panela. Risoni é um macarrãozinho em forma de arroz e é muito saboroso. Se comprar o camarão com casca, mantenha alguns com a cabeça, para decorar. O feta marinado fica ótimo na salada, então sempre faço a mais e mantenho na geladeira por até 1 semana.

1. Em uma tigela média, misture o feta com ¼ de colher (chá) de pimenta-calabresa em flocos, 2 colheres (chá) de erva-doce e 1 colher (sopa) de azeite. Reserve enquanto cozinha o risoni.

2. Leve uma frigideira grande que tenha tampa ao fogo médio-alto. Acrescente 2 colheres (sopa) de azeite, o risoni, ⅛ de colher (chá) de sal e um bom punhado de pimenta-do-reino. Refogue por 3 a 4 minutos, mexendo com frequência, até dourar. Tire da frigideira e reserve.

3. Devolva a frigideira ao fogo e acrescente as 2 colheres (sopa) de azeite restantes, ¼ de colher (chá) de pimenta-calabresa em flocos e 2 colheres (chá) de erva-doce, o alho e a casca de laranja. Cozinhe por 1 minuto, até o alho começar a dourar, e acrescente o tomate, o caldo, 200 ml de água, ¾ de colher (chá) de sal e bastante pimenta-do-reino. Cozinhe por 2 a 3 minutos, ou até ferver, e junte o risoni frito. Tampe, abaixe o fogo para médio-baixo e deixe por 15 minutos, mexendo uma ou duas vezes, até que o risoni esteja cozido. Tire a tampa e deixe por mais 1 a 2 minutos, até que a consistência lembre a de um risoto. Adicione o camarão e mexa por 2 a 3 minutos, até que esteja rosado e cozido. Junte o manjericão e sirva em seguida, com o feta marinado polvilhado por cima.

Serve 4

200 g de queijo feta, quebrado em pedaços de 1 a 2 cm
½ colher (chá) de pimenta-calabresa em flocos
4 colheres (chá) de erva-doce, torrada e levemente esmagada
75 ml de azeite
250 g de risoni
3 dentes de alho amassados
3 tiras finas de casca de laranja
400 g de tomate em cubos enlatado
500 ml de caldo de legumes
400 g de camarão cru sem casca
30 g de folhas de manjericão grosseiramente rasgadas
sal e pimenta-do-reino

Macarrão e massa

Macarrão com pecorino e pistache

Serve 4 como entrada

50 g de folhas de manjericão

1 dente de alho amassado

3 filés de anchova conservada no azeite, escorridos

75 ml de azeite

200 g de trofie seco (ou parafuso)

130 g de ervilha-torta, em fatias finas na diagonal

75 g de queijo pecorino, em lascas finas

75 g de pistache grosseiramente picado

1 limão-siciliano: rale a casca fino até obter 1 colher (chá)

sal e pimenta-do-reino

Trofie é o macarrão tradicionalmente servido com molho pesto, mas o parafuso também funciona. Para que fique mais colorido e saboroso, você pode incluir tomate assado. Divida 400 g de tomate-cereja em metades, misture 1 colher (sopa) de azeite, tempere e deixe no forno a 170°C por 40 minutos, até que esteja meio seco e levemente caramelizado. Se fizer a mais, deve durar até 1 semana em um pote com tampa na geladeira, podendo ser usado em qualquer tipo de salada ou grão.

1. Coloque 30 g de manjericão no processador de alimentos, com o alho, a anchova e o azeite. Bata para formar uma pasta grossa e reserve.

2. Encha uma panela grande com água com sal e leve ao fogo alto. Quando estiver fervendo, acrescente o macarrão e cozinhe por cerca de 7 minutos, até ficar quase al dente. Junte a ervilha-torta e deixe tudo por mais 2 minutos, até que o macarrão esteja cozido e a ervilha-torta amoleça.

3. Separando 2 colheres (sopa) da água do cozimento, escorra o macarrão e a ervilha-torta e coloque em uma tigela grande. Misture com o azeite com manjericão e mexa bem. Acrescente o pecorino, o pistache, as raspas de limão-siciliano, os 20 g de manjericão restantes, ⅛ de colher (chá) de sal e uma pitada generosa de pimenta-do-reino. Misture com cuidado e sirva.

Espaguete com anchova e aspargo-do-mar

Tanto o aspargo-do-mar quanto a anchova conferem um toque salgado ao prato. Combinar os dois torna um prato simples bastante saboroso. Agradeço a Claudia Lazarus por ele.

1. Coloque o azeite em uma frigideira grande e leve ao fogo médio. Quando estiver quente, acrescente a anchova, a pimenta-calabresa em flocos, o alho, as raspas de limão-siciliano, metade da salsinha e um bom punhado de pimenta-do-reino. Cozinhe com cuidado por 5 minutos, mexendo com frequência, até a anchova desmanchar. Despeje o vinho e cozinhe por 4 a 5 minutos, até o molho engrossar e reduzir. Desligue o fogo e reserve enquanto cozinha o macarrão.

2. Leve uma caçarola grande de água com sal para ferver e cozinhe o espaguete até ficar al dente. Cerca de 30 segundos antes desse ponto, acrescente o aspargo-do-mar (à mesma panela em que a massa estiver cozinhando). Reserve algumas conchas da água do cozimento, então escorra o macarrão e o aspargo-do-mar. Devolva a frigideira com o molho ao fogo médio-alto. Acrescente o espaguete al dente e o aspargo-do-mar e misture. Se for necessário afinar o molho, coloque um pouco mais da água do cozimento reservada. Junte o restante de salsinha e um bom punhado de pimenta-do-reino e divida em quatro pratos.

3. Finalize com uma pitada extra de pimenta-calabresa em flocos e sirva com uma cunha de limão-siciliano.

Serve 4
75 ml de azeite
30 g de filés de anchova conservada no azeite, escorridos e bem picados (cerca de 8 ou 9)
¾ de colher (chá) de pimenta-calabresa em flocos (ou 1½ colher [chá] de pimenta alepo em flocos, se encontrar), e mais um pouco para servir
1 dente de alho amassado
1 limão-siciliano: rale a casca fino até obter 1 colher (chá), então corte em 4 cunhas para servir
20 g de salsinha bem picada
100 ml de vinho branco seco
250 g de espaguete
250 g de aspargo-do-mar
sal e pimenta-do-reino

Macarrão e massa

Nhoque à romana

Serve 8 como entrada (ou 8 crianças)

80 g de manteiga sem sal
1 litro de leite
250 g de farinha de semolina ou de sêmola
1 colher (chá) de noz--moscada ralada fino
100 g de queijo parmesão ralado fino
2 gemas de ovo
40 g de queijo cheddar maturado, ralado fino
sal e pimenta-do-reino

Não tem comida caseira mais gostosa que isso. Sirva sozinho ou com uma salada verde. É o prato ideal para comer em família: nunca conheci uma criança que não adore ou um adulto que não ache que fica perfeito com uma taça de vinho tinto. Prepare adiantado e mantenha na geladeira por até 1 dia antes de assar, se quiser.

1. Preaqueça o forno a 200°C.

2. Coloque a manteiga e o leite em uma panela média com 1 colher (chá) de sal e uma pitada de pimenta-do-reino. Leve ao fogo médio-alto. Quando a manteiga tiver derretido e o leite estiver pegando fervura, desligue o fogo e inclua a semolina, a noz-moscada, o parmesão e as gemas de ovo, mexendo bem até ficar homogêneo. Devolva ao fogo e mexa sem parar até engrossar. Continue mexendo por 3 a 4 minutos, até a mistura começar a soltar da panela. Deixe esfriar por 15 minutos, não mais, ou vai endurecer muito e quebrar na hora de enrolar.

3. Abra dois retângulos grandes de filme plástico, com cerca de 30 cm x 40 cm, na sua superfície de trabalho, e coloque metade da mistura em cada um. Enrole até formar 2 rolos, cada um com cerca de 4 cm de largura e 38 cm de comprimento. Mantenha na geladeira por ao menos 2 horas, até endurecer. Remova e descarte o filme plástico, então corte cada rolo em rodelas de 1,5 cm de espessura. Disponha todas em uma assadeira rasa de cerca de 23 cm x 33 cm, em camadas levemente sobrepostas. Polvilhe com o cheddar e asse por 15 minutos, até o queijo derreter.

4. Ligue o forno na temperatura mais alta e coloque o nhoque a cerca de 10 cm do fogo para gratinar. Deixe por 2 a 3 minutos, até a superfície dourar, e reserve por 5 minutos antes de servir.

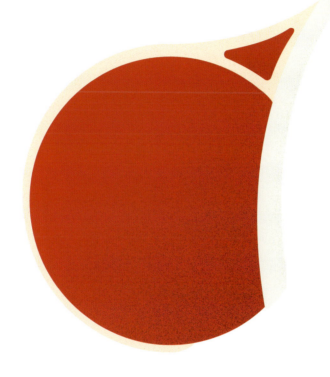

Carne e frango

Almôndega de cordeiro e feta

Serve 6

500 g de cordeiro moído

100 g de queijo feta, quebrado em pedaços de 1 cm

2 colheres (sopa) de folhas de tomilho

2 dentes de alho amassados

10 g de salsinha bem picada

1 a 2 fatias de pão, sem casca e batido em um processador de alimentos (45 g)

½ colher (chá) de canela em pó

1 colher (sopa) de azeite

2 colheres (chá) de melaço de romã (opcional)

sal e pimenta-do-reino

Esta receita pode ser servida como prato principal, no pão sírio ou com arroz e vegetais, ou como canapé antes do jantar. Se for a segunda opção, dobre o número de almôndegas com a mesma quantidade de carne, de modo que vão precisar de menos tempo para cozinhar: 3 a 4 minutos na frigideira, então 3 minutos no forno para esquentar. Assim que tirar as almôndegas da frigideira, coloque-as em palitos: a madeira aguenta bem por um período curto no forno, e elas sairão prontas para servir. O melaço de romã é um acréscimo delicioso, dando um toque agridoce distinto, mas não se preocupe se não tiver: ainda vai ficar uma delícia sem. As almôndegas podem ser fritas até 6 horas antes e esquentadas por 5 minutos no momento de servir. Sobras podem ser comidas no dia seguinte, em temperatura ambiente ou esquentadas.

1. Preaqueça o forno a 220°C.

2. Em uma tigela grande, junte a carne, o feta, o tomilho, o alho, a salsinha, o pão processado, a canela, ¾ de colher (chá) de sal e bastante pimenta-do-reino. Misture bem e forme cerca de 18 bolas (ou 36, se for fazer canapés): devem ter cerca de 4 cm de largura e pesar 35 g em média.

3. Coloque o azeite em uma frigideira grande e leve ao fogo médio-alto. Quando estiver quente, acrescente as almôndegas e frite por 5 a 6 minutos, virando cuidadosamente até dourar por inteiro. Transfira para uma assadeira forrada com papel-manteiga, regue com o melaço de romã, se for usar, e asse por 5 minutos, até cozinhar por inteiro. Sirva quente.

Foto na dupla de páginas anterior

Salada de contrafilé e manjericão

Esta receita pode ser servida tanto como uma bela entrada quanto como almoço ou jantar leve. Todos os elementos podem ser preparados 1 dia antes e mantidos na geladeira. Só não monte até que seja hora de servir: as folhas vão murchar e as torradinhas vão amolecer.

1. Preaqueça o forno a 220°C.

2. Em um processador de alimentos, coloque metade do manjericão, o alho, 75 ml de azeite e ⅓ de colher (chá) de sal. Bata até formar um molho grosso e reserve.

3. Tempere bem a carne com ¼ de colher (chá) de sal e uma pitada generosa de pimenta-do-reino. Despeje 1 colher (sopa) de azeite em uma frigideira média e leve ao fogo alto. Quando estiver bem quente, coloque a carne e sele por 3 a 4 minutos (para ficar entre ao ponto e malpassada), virando na metade do tempo. Tire e reserve por 10 minutos.

4. Acrescente as 3 colheres (sopa) de azeite restantes à mesma frigideira e leve ao fogo alto. Quando estiver quente, junte o pão sírio e toste por 2 a 3 minutos, sacudindo a frigideira de vez em quando, até ficar dourado e crocante. Transfira para um prato coberto com papel-toalha, polvilhe com uma pitada de sal e reserve.

5. Coloque o radicchio, a rúcula, o sumo de limão-siciliano, o parmesão, o azeite com manjericão e as folhas de manjericão restantes em uma saladeira e reserve.

6. Na hora de servir, fatie a carne no sentido contrário da fibra em pedaços de 0,5 cm de espessura. Polvilhe com uma pitada de sal e acrescente à saladeira. Adicione as torradas de pão sírio, misture com cuidado e sirva em seguida.

Serve 4

50 g de folhas de manjericão
1 dente de alho amassado
135 ml de azeite
400 g de contrafilé (2 bifes, com cerca de 1,5 cm de espessura cada um)
2 pães sírios, em pedaços grosseiros de 3 cm (120 g)
2 radicchios, folhas separadas e cortadas ao meio, no sentido do comprimento, na diagonal (160 g)
40 g de rúcula
3 colheres (sopa) de sumo de limão-siciliano
60 g de queijo parmesão, em lascas
sal e pimenta-do-reino

Foto na dupla de páginas anterior

Carne e frango

Siniyah de cordeiro

Este é o equivalente da torta madalena no Oriente Médio, com uma crosta de tahine em vez do purê de batata. É um prato encorpado e caseiro, que dá destaque não só ao tahine como ao cordeiro.

A carne pode ser feita bem antes — 1 dia ou 2, se mantida na geladeira ou congelada —, só esperando o tahine ir ao forno. Sirva com triguilho ou arroz.

Serve 4 a 6

60 ml de azeite
2 cebolas pequenas, bem picadas (250 g)
4 talos de aipo médios, em fatias finas (250 g)
1 colher (chá) de extrato de tomate
1 colher (sopa) de tempero baharat
1 kg de cordeiro (paleta, coxa ou pescoço), cortado em pedaços de 2 cm
500 g de tomate em lata grosseiramente picado
1 colher (chá) de páprica
60 g de *pinoli* torrado
40 g de salsinha picada
sal e pimenta-do-reino

CROSTA DE TAHINE
200 g de tahine
1½ colher (sopa) de sumo de limão-siciliano
1 dente de alho amassado

1. Coloque 2 colheres (sopa) de azeite em uma panela refratária redonda de 20 cm de diâmetro e leve ao fogo médio. Adicione a cebola e o aipo e cozinhe por 10 a 12 minutos, mexendo de vez em quando, até amolecer. Acrescente o extrato de tomate e o baharat, cozinhe por mais 2 minutos e transfira para uma tigela grande. Deixe a panela como está: não precisa lavar ou limpar.

2. Tempere o cordeiro com ¾ de colher (chá) de sal e uma pitada de pimenta-do-reino. Coloque

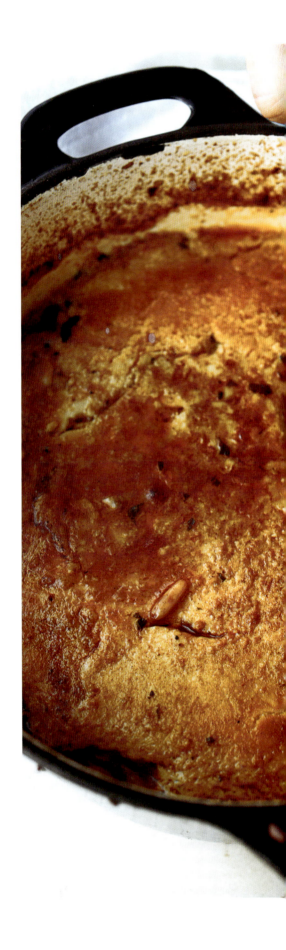

Carne e frango

1 ½ colher (chá) de azeite na mesma panela e leve ao fogo médio-alto. Acrescente ¼ do cordeiro e frite por 3 minutos, virando para selar por inteiro. Transfira para a tigela de cebolas e repita com o restante do cordeiro, juntando 1 ½ colher (chá) de azeite a cada leva. Devolva todo o cordeiro e os vegetais à panela e adicione ⅔ do tomate, a páprica, ½ colher (chá) de sal e bastante pimenta-do-reino. Deixe ferver, diminua o fogo para médio-baixo e deixe cozinhar por cerca de 70 minutos, com tampa, até que a carne esteja bem macia e o molho tenha engrossado. Talvez seja necessário tirar a tampa nos últimos 5 ou 10 minutos para que o molho engrosse. Inclua o *pinoli*, a salsinha e o restante do tomate e reserve.

3. Cerca de 10 minutos antes que a carne termine de cozinhar, preaqueça o forno a 200°C.

4. Para fazer a crosta, misture o tahine, o sumo de limão-siciliano, o alho, 160 ml de água e ¼ de colher (chá) de sal em uma tigela média. A consistência deve ser de creme de leite fresco, de modo que possa ser despejado, então acrescente um pouco mais de água se necessário. Espalhe uniformemente por cima do cordeiro e asse, com tampa, por 20 minutos, até o tahine engrossar. Tire a tampa da panela e asse por mais 20 minutos para que a crosta de tahine doure bem.

5. Tire do forno, deixe descansar por 5 minutos e sirva.

Carne e frango

Cordeiro grelhado com amêndoa e água de flor de laranjeira

Serve 6

6 dentes de alho amassados

5 limões-sicilianos: rale a casca fino até obter 1 colher (sopa), então esprema tudo para obter 150 ml de sumo

3 colheres (sopa) de folhas de tomilho

180 ml de azeite

1 kg de filés de pescoço de cordeiro (cerca de 8)

170 g de amêndoa (com a pele)

1 colher (sopa) de mel

½ colher (chá) de água de flor de laranjeira

3 pimentões vermelhos, cortados em quartos, sem sementes (370 g)

20 g de folhas de hortelã bem picadas

sal e pimenta-do-reino

Este é um ótimo prato para servir aos amigos, já que você pode fazer grande parte do trabalho adiantado. Um dia antes, a carne pode ser selada, o pimentão pode ser grelhado e o molho pode ser feito (sem a hortelã, que perderia a cor). Mantenha tudo na geladeira e, na hora de servir, leve a carne ao forno e acrescente a hortelã ao molho.

Se for selar a carne antes e manter na geladeira até o momento de cozinhar, certifique-se de tirar 1 hora antes: ela deve estar em temperatura ambiente, não gelada. Ela também vai precisar de mais tempo de forno para esquentar — 15 minutos, em vez de 3 ou 4.

Fiz este prato na churrasqueira no verão, mas as instruções aqui são para o fogão. Costumo fazer mais amêndoas do que o necessário para polvilhar por cima de outras coisas. Ficam particularmente gostosas com couve-flor ou pimentão assado.

1. Em uma tigela grande, junte o alho, 2 colheres (chá) de raspas de limão-siciliano, 90 ml de sumo de limão-siciliano, todo o tomilho, 90 ml de azeite, 1½ colher (chá) de sal e um bom punhado de pimenta-do-reino. Acrescente o cordeiro, misture bem e deixe na geladeira por no mínimo 2 horas (ou durante a noite) para marinar.

2. Aqueça 2 colheres (sopa) de azeite em uma panela pequena ou frigideira média e acrescente a amêndoa. Deixe por 3 a 4 minutos, mexendo sempre, até dourar e tostar por inteiro. Desligue o fogo e deixe esfriar um pouco. Pique grosseiramente as amêndoas e coloque em uma tigela: o azeite usado pode ser descartado. Acrescente às amêndoas a colher (chá) de raspas de limão-siciliano e os 60 ml de sumo de limão-siciliano restantes, junto com o mel, a água de flor de laranjeira, ½ colher (chá) de sal, uma pitada de pimenta-do-reino e 3 colheres (sopa) de azeite. Misture bem e reserve até a hora de servir.

3. Preaqueça o forno a 240°C.

Carne e frango

4. Coloque uma frigideira grande com grelha em fogo alto e deixe a cozinha ventilada. Regue os pimentões com a colher (sopa) de azeite restante e ¼ de colher (chá) de sal e coloque na frigideira. Deixe por cerca de 10 minutos, virando na metade do tempo, até tostar dos dois lados.

5. Coloque os pedaços de cordeiro na frigideira bem quente (sem a marinada) e cozinhe por cerca de 4 minutos, virando na metade do tempo, até tostar e começar a caramelizar. Se for servir na hora, transfira o cordeiro para uma assadeira, com o pimentão, e leve ao forno por 3 a 4 minutos, para ficar entre ao ponto e malpassado, ou poucos minutos mais se quiser bem passado. Se o cordeiro estiver em temperatura ambiente (ou seja, se tiver sido mantido na geladeira depois de selado), serão necessários 15 minutos no forno. De qualquer maneira, o tempo varia de acordo com a grossura da carne. Quando o cordeiro estiver assado, tire do forno, cubra a assadeira com papel-alumínio e deixe descansar por 5 a 10 minutos.

6. Enquanto isso, coloque a marinada em uma panela pequena e deixe ferver no fogo médio-alto. Tire e reserve.

7. Na hora de servir, corte o cordeiro em fatias de 1 cm de espessura e disponha em uma travessa com o pimentão. Regue com a marinada, acrescente as folhas frescas de hortelã ao molho de amêndoa e coloque por cima. Sirva junto qualquer molho que tiver restado.

209

Bolo de carne de cordeiro com tomate e molho de tahine

Esta receita pode ser servida de duas maneiras. Ou sozinha, quente, como prato principal, ou em fatias grossas feitas com a carne em temperatura ambiente. Dura por até 2 dias na geladeira. Fica muito bom dentro do sanduíche ou com pão sírio acompanhando, com o tahine e o tomate por cima. De qualquer uma dessas maneiras, é ótima para comer em família.

Rende 1 bolo, que serve de 6 a 8

- **1 abobrinha** grosseiramente picada (160 g)
- **1 cenoura** grosseiramente picada (100 g)
- **1 cebola grande** grosseiramente picada (180 g)
- **3 tomates**, sem casca, 1 grosseiramente picado, 2 ralados grosso (180 g)
- **500 g de cordeiro moído**, com pelo menos 20% de gordura
- **4 dentes de alho** amassados
- **80 g de pecorino** ralado fino
- **50 g de migalhas de pão de fôrma** (de 2 fatias)
- **2 ovos grandes**
- **2 colheres (sopa) de extrato de tomate**
- **2 colheres (chá) de cominho em pó**
- **2 colheres (chá) de pimenta-da-jamaica em pó**
- **100 g de tahine**
- **1 colher (sopa) de sumo de limão-siciliano**
- **sal**

1. Preaqueça o forno a 210°C e unte uma fôrma de pão de 20 cm x 10 cm com um pouco de azeite.

2. Coloque a abobrinha, a cenoura, a cebola e o tomate picado no processador de alimentos e bata até misturar: a consistência final deve ser similar à da carne. Transfira os vegetais para um escorredor sobre uma tigela e esprema para tirar todo o líquido

Carne e frango

possível. Coloque os vegetais em uma tigela grande com o cordeiro moído, 2 dentes de alho, todo o pecorino, o pão, os ovos, o extrato de tomate, os temperos e 1 colher (chá) de sal. Misture bem, então transfira para a fôrma de pão.

3. Coloque-a dentro de uma assadeira com as laterais altas. Com cuidado, coloque água fervente na assadeira para chegar à metade da fôrma de pão. Transfira para o forno e asse por 1h10, até dourar.

4. Enquanto isso, prepare o molho. Coloque o tahine, os dentes de alho restantes, o sumo de limão-siciliano e ¼ de colher (chá) de sal em uma tigela média. Acrescente devagar 70 ml de água até obter um molho grosso e homogêneo. Reserve até a hora de servir.

5. Quando a carne estiver pronta, tire a fôrma e deixe esfriar por 10 minutos. Descarte o líquido e a gordura do fundo da fôrma de pão e transfira a carne para uma travessa usando uma espátula larga. Despeje ⅓ do molho de tahine por cima da carne, seguido por ⅓ do tomate.

6. Sirva quente, com o restante do molho de tahine e do tomate como acompanhamento, ou deixe esfriar e corte em fatias para servir no pão sírio.

Tortilha com cordeiro, tahine e sumagre

Rende 8, servindo 4

8 tortilhas de trigo ou milho (de 20 cm de largura)

60 ml de azeite, mais 2 colheres (chá) para pincelar

1 colher (sopa) de sumagre

RECHEIO

500 g de cordeiro moído

½ cebola pequena, ralada grosso (60 g)

2 tomates, sem casca e ralados grosso (140 g)

1 colher (chá) de pimenta-da-jamaica em pó

90 g de tahine

2 dentes de alho amassados

2 colheres (chá) de melaço de romã

20 g de hortelã bem picada

80 g de queijo cheddar maturado, ralado grosso

sal

Este sanduíche com cordeiro é popularmente conhecido no Oriente Médio como "araye". Costuma ser feito com pão sírio, mas usei tortilhas aqui. É ótimo no almoço ou como aperitivo antes do jantar, servido com uma salada fresca ou iogurte com sumagre. É rápido e fácil de fazer, mas, se quiser tornar tudo ainda mais simples e rápido, o recheio pode ser feito até 1 dia antes e mantido na geladeira. Então só vai restar rechear e levar à frigideira. Agradeço a Sami Tamimi por este prato (e tantas outras receitas gostosas).

1. Misture todos os ingredientes do recheio — menos o queijo — em uma tigela grande com 1 colher (chá) de sal. Uma tortilha por vez, coloque cerca de 100 g de recheio sobre metade da tortilha, deixando 0,5 cm de borda livre. Inclua 10 g de queijo por cima e dobre a tortilha, fazendo uma meia-lua. Aperte com cuidado para que a carne se espalhe uniformemente e fique com cerca de 1 a 1,5 cm de espessura. Faça o mesmo com o restante das tortilhas, da carne e do queijo.

2. Coloque 1 colher (sopa) de azeite em uma frigideira média e antiaderente e leve ao fogo médio-baixo. Quando estiver quente, acrescente 2 tortilhas recheadas e dobradas e frite com cuidado por 2 a 3 minutos. Vire e cozinhe por mais 2 a 3 minutos, até que a tortilha esteja dourada dos dois lados e a carne cozida. Transfira para um prato, polvilhe uma pitada de sal por cima e reserve. Usando papel-toalha, limpe qualquer suco do cordeiro da frigideira e prossiga da mesma maneira com o restante do azeite e das tortilhas.

3. Misture as 2 colheres (chá) de azeite com o sumagre. Pincele levemente por cima das tortilhas e sirva quente ou em temperatura ambiente.

Carne e frango

Paleta de cordeiro com hortelã e cominho

Este prato pode resultar em um verdadeiro banquete, se servido com algo como feijão-verde — amassado com cuidado com o suco do cozimento do cordeiro — e uma salada de folhas simples. Deixe a carne marinando durante a noite na geladeira, se possível, para que o sabor realmente pegue — se for comer no mesmo dia, 4 ou 5 horas devem bastar, mas você vai ter que começar a trabalhar cedo, porque ela também precisa de 6h30 de forno. Se quiser se adiantar, o cordeiro pode ser assado 1 dia antes e mantido na geladeira, pronto para ser trinchado e esquentado em seu próprio suco.

1. Coloque as raspas e o sumo de limão-siciliano, o alho, os temperos, as ervas e o azeite no processador de alimentos com 1½ colher (chá) de sal e bastante pimenta-do-reino. Bata para formar uma pasta grossa e reserve.

2. Em uma tigela grande, coloque a carne e perfure-a toda cerca de 30 vezes com uma faca pequena afiada. Esfregue a pasta de tempero, massageando nas incisões. Cubra com filme plástico e leve à geladeira por no mínimo 4 horas (ou durante a noite, preferencialmente) para que o sabor pegue.

3. Preaqueça o forno a 190°C.

4. Transfira o cordeiro, com toda a marinada, para uma assadeira grande e alta de cerca de 30 cm x 40 cm. Cubra bem com papel-alumínio e asse por 1 hora. Reduza a temperatura do forno para 160°C e acrescente o aipo-rábano, a cenoura e as cabeças de alho (com o lado cortado para cima). Continue a assar por 4 horas, regando a carne e os vegetais três ou quatro vezes durante o cozimento (volte a fechar com papel-alumínio a cada vez). Tire o papel-alumínio e deixe no forno por mais 1h30, até que o cordeiro esteja todo escuro, a carne esteja desmanchando e os vegetais tenham caramelizado.

Serve 4 a 6

2 limões-sicilianos: rale a casca fino até obter 1 colher (sopa), então esprema até obter 4 colheres (sopa) de sumo

6 dentes de alho amassados

1 colher (sopa) de páprica

½ colher (chá) de sementes de feno-grego, levemente amassadas

2 colheres (chá) de cominho em pó

25 g de folhas de hortelã

15 g de coentro

3 colheres (sopa) de azeite

1 paleta de cordeiro grande (2 kg)

1 aipo-rábano, sem casca e cortado em cunhas de 3 cm de largura (850 g)

5 cenouras grandes, sem casca e cortadas ao meio no sentido da largura (600 g)

2 cabeças de alho, cortadas ao meio no sentido da largura

sal e pimenta-do-reino

Carne e frango

Bolinho de cordeiro e pistache com molho de iogurte e sumagre

Estes bolinhos ficam maravilhosos como aperitivo ou no churrasco. Para uma refeição mais substanciosa, sirva com folhas de rúcula temperadas com azeite, sumo de limão-siciliano e lascas de parmesão. O molho de iogurte pode ser feito 1 dia antes. Os bolinhos crus duram por 1 dia na geladeira ou podem ser cozidos até 6 horas antes, ficando prontos para ser esquentados por 5 minutos antes de servir. Eles também ficam bons no dia seguinte, em temperatura ambiente ou quentes.

1. Junte todos os ingredientes do molho de iogurte com sumagre e reserve na geladeira.

2. Para fazer os bolinhos, coloque os pistaches no processador de alimentos. Bata por alguns segundos, para picar grosseiramente, e transfira para uma tigela média. Bata a rúcula no processador por alguns segundos, para picar grosseiramente, e acrescente à tigela com os pistaches. Prossiga com a cebola e o alho, formando uma pasta homogênea e adicionando à tigela. Junte o cordeiro, 1 colher (sopa) de azeite, ¾ de colher (chá) de sal e um bom punhado de pimenta-do-reino. Misture bem e molde cerca de 20 bolinhos com as mãos molhadas. Eles devem ter cerca de 5 cm de largura e 2 cm de espessura, pesando por volta de 40 g.

3. Coloque 1 colher (sopa) de azeite em uma frigideira grande e antiaderente e leve ao fogo médio. Quando estiver quente, acrescente os bolinhos — quantos couberem sem exagero — e frite por 7 minutos, virando na metade do tempo, até dourar bem e cozinhar por inteiro. Mantenha quente enquanto procede com o restante de bolinhos. Se necessário, acrescente 1 colher (sopa) de azeite à frigideira durante o processo. Quando estiverem todos fritos, empilhe em uma travessa grande e sirva com o iogurte com sumagre ao lado.

Rende cerca de 20 bolinhos, para servir 4 como prato principal ou 6 como aperitivo

60 g de pistache
25 g de folhas de rúcula
1 cebola, cortada em quartos (150 g)
1 dente de alho grande, sem casca
500 g de cordeiro moído
cerca de 3 colheres (sopa) de azeite
sal e pimenta-do-reino

MOLHO DE IOGURTE COM SUMAGRE
250 g de iogurte grego
1 colher (sopa) de sumagre
1 colher (sopa) de azeite
1 colher (sopa) de sumo de limão-siciliano

217

Carne e frango

Torta de carne moída com crosta de feijão-verde

Serve 6

90 ml de azeite

3 dentes de alho amassados

3 chalotas grandes, em fatias finas (180 g)

600 g de cordeiro moído

2 colheres (chá) de cominho em grãos

1 colher (sopa) de pimenta-da-jamaica em pó

2 limões-sicilianos: rale a casca fino até obter 2 colheres (chá)

3 colheres (sopa) de extrato de tomate

3 colheres (sopa) de *harissa* **rosa** (ou 50% mais ou menos, dependendo do tipo, ver p. 301) (45 g)

100 g de damasco seco, cortado em quartos

280 ml de caldo de galinha

220 ml de vinho branco

80 g de azeitonas verdes sem caroço, cortadas ao meio no sentido do comprimento

670 g de feijão-verde cozido (ou 1,2 kg em conserva, escorrido, ou 400 g do grão seco, deixado de molho durante a noite e depois cozido)

4 colheres (sopa) de tahine

sal e pimenta-do-reino

Se o siniyah de cordeiro (ver p. 206) é o equivalente à torta madalena no Oriente Médio, então esta é minha versão do Norte da África, com o feijão-verde substituindo a batata no purê. É saboroso, reconfortante e substancioso, necessitando de pouco mais que uma salada verde ou cenouras assadas como acompanhamento. Faça até 2 dias antes, mas não leve ao forno. Se for assar direto da geladeira, precisará de 5 a 10 minutos a mais. Sem o purê de feijão-verde, pode ser congelado por 1 mês.

1. Coloque 3 colheres (sopa) de azeite em uma panela de fundo grosso grande que tenha tampa e leve ao fogo médio-alto. Acrescente o alho e as chalotas e refogue por 5 minutos, mexendo com frequência, até amolecer e dourar. Aumente o fogo para alto e adicione o cordeiro, o cominho, a pimenta-da-jamaica, metade das raspas de limão-siciliano e ½ colher (chá) de sal. Deixe por 5 minutos, até dourar bem, mexendo de vez em quando, então junte o extrato de tomate, a *harissa* e o damasco. Deixe por mais 2 minutos, então despeje o caldo e o vinho. Reduza o fogo para médio e cozinhe, com tampa, por 30 minutos. Deixe esfriar e depois acrescente a azeitona. Transfira para uma travessa refratária de 20 cm x 25 cm e leve à geladeira por ao menos 30 minutos. A carne vai ficar mais firme, facilitando espalhar o purê por cima.

2. Preaqueça o forno a 200°C.

3. Para fazer o purê, misture em uma tigela o feijão-verde com o restante das raspas de limão-siciliano, 2 colheres (sopa) de azeite, o tahine, 3 colheres (sopa) de água, ¾ de colher (chá) de sal e um pouco de pimenta-do-reino. Use um espremedor de batata para amassar o feijão-verde; não precisa ficar totalmente homogêneo, desde que dê para espalhar. Coloque por cima do cordeiro e faça buracos rasos com uma colher. Regue com a colher (sopa) de azeite restante e asse por 30 minutos, até ficar com uma cor bonita e borbulhar. Deixe descansar por 10 minutos antes de servir.

Carne e frango

Frango assado do Arnold com recheio de kümmel e cranberry

Arnold Rogow era um amigo da família de Ixta Belfrage, que testou muitas das receitas deste livro com Esme. Ixta sempre dá o crédito aos outros, incluindo a inspiração por trás deste prato, mas não tenho dúvida de que Arnold preferiria chamá-lo de "frango assado da Ixta". Faça o recheio e prepare o frango até 1 dia antes, mantendo na geladeira e deixando voltar à temperatura ambiente antes de assar.

1. Para fazer a marinada, derreta 30 g de manteiga e junte 1 colher (sopa) de kümmel, 2 dentes de alho, o açúcar e ½ colher (chá) de sal. Coloque o frango em uma tigela grande, esfregue a marinada por cima e reserve.

2. Preaqueça o forno a 210°C.

3. Para fazer o recheio, coloque os 40 g de manteiga restantes em uma frigideira grande e antiaderente e leve ao fogo médio-alto. Acrescente as 2 colheres (chá) de kümmel restantes e cozinhe por 2 minutos, até soltar seu aroma. Adicione os 5 dentes de alho restantes, o aipo, a cebola, o cranberry, a castanha-portuguesa e 1 colher (chá) de sal. Cozinhe por 12 a 13 minutos, mexendo com frequência, até dourar e amolecer. Transfira para uma tigela média e junte o pão, a salsinha e o caldo.

4. Transfira o frango para uma assadeira pequena. Polvilhe uma pitada generosa de sal por cima e um pouco de pimenta-do-reino e recheie a cavidade. Coloque o que sobrar de recheio em uma travessa refratária e leve ao forno 30 minutos antes que o frango fique pronto.

5. Asse o frango por 70 a 75 minutos, regando a cada 20 minutos mais ou menos, até que a pele esteja dourada e crocante e o suco saia claro quando uma faca é inserida na parte mais grossa da coxa. Tire do forno e deixe descansar por 10 minutos antes de servir.

Serve 4

70 g de manteiga sem sal

5 colheres (chá) de kümmel torrado e levemente esmagado

7 dentes de alho amassados

1 colher (sopa) de açúcar mascavo

1 frango (cerca de 1,4 kg)

3 a 4 talos de aipo grandes, cortados em cubos de 1 cm (300 g)

1 cebola cortada em cubos de 1 cm (140 g)

100 g de cranberry seco

100 g de castanha-portuguesa cozida e sem casca, grosseiramente picada

4 a 5 fatias de pão de centeio e de trigo, sem casca, ligeiramente tostadas, então cortadas em pedaços grosseiros de 2 cm (100 g)

15 g de salsinha grosseiramente picada

120 ml de caldo de galinha

sal e pimenta-do-reino

Carne e frango

Almôndega com limão-siciliano e aipo-rábano

Serve 4

400 g de carne moída

1 cebola média, bem picada (140 g)

120 g de pedaços de pão fresco (de 4 fatias de pão sem casca)

20 g de salsinha picada, e mais para decorar

1 ovo grande, batido

¾ de colher (chá) de pimenta-da-jamaica em pó

2 colheres (sopa) de azeite

1 aipo-rábano pequeno, sem casca, cortado em quartos e então em fatias de 1 cm de espessura no sentido da largura (400 g)

3 dentes de alho amassados

½ colher (chá) de cúrcuma em pó

1½ colher (chá) de erva-doce levemente amassada

1 colher (chá) de páprica defumada doce

500 ml de caldo de galinha

3½ colheres (sopa) de sumo de limão-siciliano

sal e pimenta-do-reino

Sempre digo que minha comida favorita é aquela que, ao mesmo tempo, me traz conforto, surpresa e deleite. Este prato (como costuma acontecer com almôndegas) faz tudo isso por mim. As almôndegas são a cara da comida caseira, e o limão-siciliano e o aipo-rábano ficam com a parte da surpresa e do deleite. Pode ser servido sozinho, com cuscuz ou arroz para absorver o suco ou com um pouco de iogurte grego como acompanhamento. Pode ser feito 1 dia antes e mantido na geladeira. Reaqueça antes de servir.

1. Em uma tigela grande, junte a carne moída, a cebola, os pedaços de pão, a salsinha, o ovo, a pimenta-da-jamaica, ½ colher (chá) de sal e um pouco de pimenta-do-reino. Misture bem com as mãos e forme cerca de 20 bolas com aproximadamente 40 g cada uma.

2. Coloque o azeite em uma frigideira grande que tenha tampa e leve ao fogo alto. Acrescente as almôndegas e frite por cerca de 5 minutos, virando para que dourem por inteiro. Transfira para um prato, então leve o aipo-rábano, o alho e o restante dos temperos à frigideira. Cozinhe em fogo alto por 2 minutos, mexendo até o alho ganhar cor e os temperos soltarem seu aroma. Devolva as almôndegas à frigideira e acrescente o caldo, o sumo de limão-siciliano, ½ colher (chá) de sal e pimenta-do-reino. Deixe ferver e depois cozinhar em fogo baixo, com tampa, por 30 minutos. Destampe e mantenha borbulhando por cerca de 10 minutos, para o molho engrossar.

3. Tire a frigideira do fogo e deixe descansar por 5 ou 10 minutos. Sirva com salsinha polvilhada por cima.

Foto a seguir

Carne e frango

Almôndega com ricota e orégano

A ricota deixa as almôndegas superleves e macias. Podem ser feitas 1 dia antes, mantidas na geladeira e então reaquecidas.

1. Faça o molho de tomate primeiro. Coloque 2 colheres (sopa) de azeite em uma frigideira e leve ao fogo médio-alto. Acrescente metade da cebola, metade do alho e metade do orégano e cozinhe por 8 a 10 minutos, mexendo até que a cebola tenha amolecido sem perder a cor. Adicione o tomate, metade do caldo, ½ colher (chá) de sal e um pouco de pimenta-do-reino. Reduza o fogo para médio e cozinhe por 10 a 15 minutos, mexendo de vez em quando, para engrossar o molho.

2. Enquanto isso, faça as almôndegas. Coloque o restante da cebola, do alho e do orégano em uma tigela grande com a carne, os pedaços de pão, a ricota, o parmesão, o ovo, a salsinha, ¾ de colher (chá) de sal e um pouco de pimenta-do-reino. Misture tudo com as mãos e molde 12 a 14 bolas.

3. Coloque 1 colher (sopa) de azeite em uma frigideira grande. Quando estiver quente, acrescente as almôndegas (você vai precisar fazer isso em duas levas, acrescentando 1 colher [sopa] de azeite à frigideira na segunda). Cozinhe por 8 minutos, virando, e transfira para outro prato.

4. Com cuidado, mergulhe as almôndegas no molho e acrescente o restante do caldo para chegar perto de cobri-las. Ponha um pouco de água, se necessário. Leve ao fogo médio-baixo e deixe cozinhar, com tampa, por 30 minutos. Para engrossar o molho — que deve ter a consistência de um molho de macarrão encorpado —, tire a tampa perto do fim e aumente a temperatura um pouco. Desligue o fogo e reserve por no mínimo 10 minutos. Acrescente o orégano restante e sirva.

Serve 4
60 ml de azeite
2 cebolas grandes, picadas (330 g)
4 dentes de alho amassados
20 g de folhas de orégano picadas, e mais para servir
400 g de tomate em cubos enlatado
500 ml de caldo de galinha
500 g de carne moída
100 g de pedaços de pão fresco (de 3 a 4 fatias de pão sem casca)
250 g de ricota
60 g de queijo parmesão ralado
1 ovo grande, batido
20 g de salsinha picada
sal e pimenta-do-reino

Foto a seguir

Carne e frango

Contrafilé com *harissa*, pimentão e limão-siciliano

Este é um ótimo prato para servir aos amigos, se quiser que todo o trabalho seja feito antes que eles cheguem. O molho de pimentão pode ser feito no dia anterior. Você também pode marinar a carne por 1 dia e selar antes. Mantenha separado na geladeira e deixe que tudo volte à temperatura ambiente antes de servir ou cozinhar, e a refeição vai estar na mesa 15 minutos depois que o forno for ligado. Cai bem com a batata frita no forno com orégano e feta (ver p. 138) e uma salada verde.

Serve 4

2 bifes de contrafilé grandes, limpos (600 g)
1½ colher (sopa) de *harissa* rosa (ou 50% mais ou menos, dependendo do tipo, ver p. 301) (23 g)
2 pimentões grandes, vermelhos ou amarelos (400 g)
2 colheres (sopa) de azeite
1 dente de alho amassado
400 g de tomate em cubos enlatado
½ colher (chá) de pimenta-calabresa em flocos
¼ de colher (chá) de páprica
1 limão-siciliano pequeno em conserva, sem sementes, com casca e polpa picadas grosseiramente (25 g) (para receita caseira, ver o livro *Jerusalém*)
10 g de salsinha grosseiramente picada, e mais para servir
1 limão-siciliano cortado em quartos, para servir
sal marinho em flocos e pimenta-do-reino

1. Coloque a carne em uma tigela e acrescente a *harissa*, ½ colher (chá) de sal marinho e uma pitada de pimenta-do-reino. Pincele ou esfregue a *harissa* na carne e deixe marinando por ao

224

Carne e frango

menos 1 hora. Se for marinar durante a noite, leve à geladeira e deixe voltar à temperatura ambiente antes de cozinhar.

2. Para fazer o molho, preaqueça o forno na temperatura mais alta e asse o pimentão por 20 a 25 minutos, virando duas vezes, até tostar por inteiro. Coloque em uma tigela e cubra com filme plástico. Quando esfriar o bastante para manipular, tire a pele e corte em tiras finas e compridas. Descarte as sementes também.

3. Coloque o azeite em uma frigideira média e leve ao fogo médio. Acrescente o alho, cozinhe por cerca de 1 minuto, adicione o tomate, a pimenta-calabresa em flocos, a páprica, ½ colher (chá) de sal marinho e uma pitada de pimenta-do-reino. Deixe pegar fervura em fogo baixo, cozinhe por 7 minutos, junte o pimentão, o limão-siciliano em conserva e a salsinha. Cozinhe por mais 7 minutos, ou até que o molho engrosse, mas permaneça fácil de despejar. Reserve para que retorne à temperatura ambiente.

4. Leve uma frigideira média ao fogo alto. Quando estiver bem quente, ponha os bifes e cozinhe por 4 a 5 minutos, virando na metade do tempo, até que dourem dos dois lados. Tire da frigideira, polvilhe com uma boa pitada de sal marinho e deixe descansar por 10 minutos.

5. Sirva a carne quente ou em temperatura ambiente, em fatias de 1 cm de espessura, com o molho por cima ou à parte. Polvilhe com salsinha e sirva com uma cunha de limão-siciliano ao lado.

Frango assado com limão-siciliano em conserva

Não sou o primeiro a misturar limão-siciliano, alho e frango — e não serei o último —, mas às vezes é bom ser lembrado de que os clássicos adquiriram esse status por um motivo. Frango assado é o prato mais simples que há: é fácil, rápido, enche a casa com seu aroma delicioso e todo mundo adora o resultado. Você pode preparar o frango 4 a 5 horas antes se quiser, então levar ao forno.

1. Preaqueça o forno a 210°C.

2. No processador de alimentos, junte a manteiga, o tomilho, o alho, o limão-siciliano em conserva, as raspas de limão-siciliano, ¼ de colher (chá) de sal e uma pitada generosa de pimenta-do-reino. Bata para misturar.

3. Com as coxas do frango viradas para você, solte a pele do peito com as mãos e espalhe a maior parte da mistura de manteiga uniformemente por baixo dela e por cima da carne. Espalhe o restante por cima das coxas.

4. Coloque o frango em uma assadeira média e alta, regue com o sumo de limão-siciliano e polvilhe com ½ colher (chá) de sal e bastante pimenta-do-reino. Asse por cerca de 70 minutos, regando a cada 20 mais ou menos, até que a pele esteja dourada e crocante e os sucos escorram claros quando a carne é perfurada com uma faca pequena.

5. Tire do forno e deixe descansar por 10 minutos antes de servir.

Serve 4

70 g de manteiga sem sal, em temperatura ambiente

3 colheres (sopa) de folhas de tomilho

3 dentes de alho amassados

1 limão-siciliano pequeno em conserva, sem sementes, casca e polpa grosseiramente picadas (30 g) (para receita caseira, ver o livro *Jerusalém*)

1 limão-siciliano: casca ralada fino, mais 1½ colher (sopa) de sumo, para regar

1 frango orgânico (1,5 kg)

sal e pimenta-do-reino

Frango à Marbella

Cozinho este prato com muita frequência para meus amigos. Todo o trabalho é feito antes — você pode marinar por até 2 dias na geladeira —, então é só levar a assadeira ao forno quando for a hora. O frango ganha muito com uma longa marinada, mas também pode ser assado direto, se você estiver sem tempo. Nesse caso, tempere com a colher (chá) de sal e a pimenta-do-reino (que iriam para a marinada), esfregando-as bem na pele antes de misturar os outros ingredientes da marinada (não precisa colocar mais sal) e assar seguindo a receita. Uso coxa e sobrecoxa, mas outros preferem peito, com osso, que também fica ótimo. Agradeço ao Silver Palate, *de Julee Rosso e Sheila Lukins, que inspirou esta receita.*

1. Coloque o frango em uma tigela grande e não reativa e acrescente o restante dos ingredientes, exceto o vinho e o melaço de tâmara, com 1 colher (chá) de sal e uma pitada de pimenta-do-reino. Misture tudo com cuidado, cubra a tigela e leve à geladeira para marinar por 1 a 2 dias, mexendo algumas vezes nesse meio-tempo.

2. Preaqueça o forno a 200°C.

3. Espalhe o frango em uma assadeira média e junte a marinada. Misture o vinho e o melaço e regue a carne. Leve ao forno e asse por 50 minutos, regando duas ou três vezes, até que esteja dourado e cozido.

4. Tire do forno, transfira tudo para uma travessa grande, polvilhe folhas de orégano por cima e sirva.

Serve 4 generosamente

8 pedaços de coxa e sobrecoxa de frango, com pele e perfurados 3 ou 4 vezes até o osso (2 kg)

5 dentes de alho amassados

15 g de orégano fresco, e mais para servir

3 colheres (sopa) de vinagre de vinho tinto

3 colheres (sopa) de azeite

100 g de azeitonas verdes sem caroço

60 g de alcaparras, mais 2 colheres (sopa) da salmoura

120 g de tâmara Medjool, sem caroço e cortada em quartos no sentido do comprimento

2 folhas de louro

120 ml de vinho branco seco

1 colher (sopa) de melaço (de tâmara ou outro)

sal e pimenta-do-reino

Carne e frango

Frango com missô, gengibre e limão

Este prato fica ótimo tanto saído do forno — servido com arroz glutinoso ou basmati — como em temperatura ambiente. Se quiser adiantar, faça no dia anterior e mantenha na geladeira durante a noite, tirando 30 minutos antes de servir, para que não fique gelado.

Serve 6

8 pedaços de coxa e sobrecoxa de frango (com pele e osso), com a pele perfurada algumas vezes (1,4 kg)

2 colheres (sopa) de óleo de girassol

2½ colheres (sopa) de mirin

2½ colheres (sopa) de *maple syrup*

2½ colheres (sopa) de shoyu

80 g de missô branco

1 pedaço de 4 cm de gengibre, sem casca e ralado fino (30 g)

3 dentes de alho amassados

1 limão-taiti: casca em tiras finas, depois espremido

40 g de talos de coentro, cortados em pedaços de 6 cm

2 pimentas dedo-de-moça, cortadas ao meio no sentido do comprimento e sem sementes (se não quiser tão picante)

10 cebolinhas com bulbo: 8 cortadas ao meio no sentido do comprimento, 2 em fatias finas, para servir (120 g)

sal

1. Preaqueça o forno a 220°C.

2. Coloque a coxa e sobrecoxa de frango em uma tigela grande com o óleo de girassol e ¾ de colher (chá) de sal. Misture e reserve.

3. Leve uma frigideira grande ao fogo médio-alto. Quando estiver quente, acrescente metade do frango, com a pele para baixo, e cozinhe por 4 a 5 minutos, até dourar. Vire, cozinhe por mais 4 a 5 minutos, então tire. Repita com o restante do frango, descartando a gordura no processo, e reserve.

4. Em uma tigela grande, junte o mirin, o *maple syrup*, o shoyu, o missô, o gengibre, o alho, as tiras de casca e o sumo de limão. Misture, acrescente o frango e mexa bem. Coloque os talos de coentro, a pimenta dedo-de-moça e as 8 cebolinhas em uma assadeira (de cerca de 24 cm x 36 cm) e disponha o frango por cima, com a pele para cima. Cubra com papel-alumínio e asse por 20 minutos. Tire o papel-alumínio, vire o frango (deixando a pele para baixo) e devolva ao forno por 30 minutos descoberto, virando na metade do tempo (deixando a pele para cima) e regando algumas vezes. O frango vai ficar bem dourado, viscoso e macio, e a pimenta dedo-de-moça e a cebolinha vão amolecer.

5. Para servir, coloque uma coxa e sobrecoxa em cada prato e cerque com o coentro, a pimenta e a cebolinha. Regue com o molho e polvilhe fatias finas de cebolinha por cima.

Porco com berinjela, cebolinha e gengibre

Este é um dos jantares simples a que sempre recorro. Pique tudo o que vai no porco antes de ligar o forno. Depois de ligar, você vai se ocupar colocando os ingredientes na panela e mexendo, em vez de cortar tudo sob pressão. É possível fazer o porco até 1 dia antes — mantenha na geladeira e esquente na hora. Sirva sozinho, com arroz ou macarrão oriental.

1. Em uma tigela grande, coloque a berinjela e 1½ colher (chá) de sal. Misture bem, transfira para um cesto de cozinhar no vapor (ou um escorredor que encaixa em uma panela grande) e reserve.

2. Encha 3 cm de uma panela grande com água. Deixe ferver em fogo alto, então encaixe o cesto de cozinhar no vapor (ou escorredor). Tampe ou cubra bem com papel-alumínio, para evitar que o vapor escape. Reduza a temperatura para média-alta e deixe por 12 minutos. Tire e reserve.

3. Enquanto isso, despeje metade do óleo de amendoim em uma frigideira grande e leve ao fogo alto. Acrescente a cebolinha, o gengibre, o alho e a pimenta e refogue por 5 minutos, mexendo com frequência, até o alho começar a ganhar cor. Transfira para uma tigela e reserve. Despeje o restante do óleo na frigideira e acrescente a carne de porco moída. Frite por 3 minutos, mexendo para quebrá-la. Adicione o mirin, o shoyu, o molho de soja doce, o óleo de gergelim, o vinagre de arroz e ½ colher (chá) de sal. Cozinhe por 2 minutos, então devolva a mistura de cebolinha para a frigideira. Cozinhe por 1 minuto e desligue o fogo — deve ter restado bastante líquido. Inclua 10 g de coentro e o amendoim. Sirva com a berinjela, o gergelim e o restante do coentro.

Serve 4

3 berinjelas, cortadas em cubos de 3 cm (950 g)

60 ml de óleo de amendoim

2 a 3 maços de cebolinha, picada na diagonal em fatias de 3 cm (250 g)

1 pedaço de gengibre de 7 cm, sem casca e em tiras finas e uniformes (60 g)

4 dentes de alho, sem casca e em fatias finas

1 pimenta dedo-de-moça verde, em fatias finas, com sementes

500 g de carne de porco moída

3 colheres (sopa) de mirin

2 colheres (sopa) de shoyu (evite o "premium", que é dominante demais para este prato)

2 colheres (sopa) de molho de soja doce kecap manis

1 colher (chá) de óleo de gergelim

1½ colher (sopa) de vinagre de arroz

15 g de coentro grosseiramente picado

60 g de amendoim torrado e salgado

1 colher (sopa) de gergelim torrado

sal

Foto a seguir

Frango empanado com gergelim

Se gostar deste prato simples para o jantar — e as chances são bem boas — faça uma leva a mais da mistura de farinha panko e sementes. Dura por cerca de 1 mês em um pote hermético e é muito útil. É boa tanto para empanar peixe branco ou palitos de abóbora quanto no frango.

1. Coloque o frango entre dois pedaços de filme plástico e amasse um peito por vez com um rolo: eles devem ficar com cerca de 1 cm de espessura.

2. Em uma tigela média, misture a farinha com ¼ de colher (chá) de sal e um pouco de pimenta-do-reino.

3. Coloque os ovos em outra tigela.

4. Em outra ainda, junte a farinha panko, as sementes e os gergelins, a cúrcuma, a pimenta-caiena e ¾ de colher (chá) de sal.

5. Passe um pedaço de frango na farinha com cuidado e tire o excesso. Depois passe no ovo e na mistura de farinha panko, cobrindo bem. Repita com o restante do frango.

6. Coloque 0,5 cm de óleo de girassol em uma frigideira grande e leve ao fogo médio. Quando estiver quente, acrescente o frango, em levas, e frite por 5 a 6 minutos, virando na metade do tempo, até que esteja cozido e dourado dos dois lados. Transfira para um prato com papel-toalha enquanto prossegue com o restante. Sirva quente, acompanhado de cunhas de limão-siciliano.

Serve 4

4 peitos de frango, sem pele e cortados em 3 tiras longas cada um (600 g)
50 g de farinha de trigo
2 ovos, levemente batidos
80 g de farinha panko
60 g de gergelim branco
25 g de gergelim preto (ou mais do branco, se não tiver)
40 g de sementes de girassol grosseiramente picadas
1½ colher (sopa) de coentro em grãos grosseiramente amassado
1 colher (chá) de cúrcuma em pó
½ colher (chá) de pimenta-caiena
cerca de 100 ml de óleo de girassol, para fritar
1 limão-siciliano, cortado em quartos, para servir
sal e pimenta-do-reino

Carne e frango

Frango assado com crosta de milho

Serve 6

- **3 colheres (sopa) de azeite**
- **3 cebolas-roxas,** em fatias finas (500 g)
- **2 dentes de alho** amassados
- **3 colheres (sopa) de** *harissa* **rosa** (ou 50% mais ou menos, dependendo do tipo, ver p. 301) (60 g)
- **2 colheres (chá) de páprica defumada doce**
- **850 g de sobrecoxa de frango,** sem pele e sem osso (cerca de 9 a 10)
- **200 ml de passata de tomate**
- **5 tomates grandes,** cortados em quartos (400 g)
- **200 g de pimentão vermelho em conserva,** escorrido e cortado em rodelas de 2 cm
- **15 g de chocolate amargo** (70%)
- **20 g de coentro** grosseiramente picado
- **sal e pimenta-do-reino**

Este é um prato maravilhoso para um dia de outono, servido com uma salada verde. O frango cozido lentamente fica muito saboroso, e a crosta — sem glúten, farta e crocante — é bem diferente (e mais leve) que o purê da torta madalena.

Você pode fazer o frango bem antes se quiser: mantenha na geladeira por até 3 dias ou no congelador por 1 mês. Ele deve ir ao forno descongelado, então vai precisar deixá-lo um tempo fora antes de assar. A massa da crosta precisa ser feita e disposta sobre o frango pouco antes de ir ao forno, mas depois pode voltar a ele. Você também pode assar algumas horas antes, então aqueça por 10 minutos, coberto com papel-alumínio, na hora de servir. Amo a combinação de frango e milho, mas você também pode fazer sem a crosta, acompanhando com arroz ou uma batata assada com manteiga.

1. Aqueça o azeite em uma frigideira grande que tenha tampa em fogo médio-alto. Acrescente a cebola e refogue por 8 a 9 minutos, mexendo de vez em quando, até que esteja caramelizada e macia. Reduza o fogo para médio e acrescente o alho, a *harissa*, a páprica, o frango, 1 colher (chá) de sal e uma pitada de pimenta-do-reino. Cozinhe por 5 minutos, mexendo com frequência, então junte a passata e o tomate. Adicione 350 ml de água e deixe ferver. Cozinhe em fogo médio, com tampa, por 30 minutos, mexendo de vez em quando.

2. Acrescente o pimentão e o chocolate e continue cozinhando em fogo baixo por 35 a 40 minutos, agora sem tampa, mexendo com frequência até que o molho adquira uma consistência pegajosa e o frango esteja desmanchando. Desligue o fogo e adicione o coentro. Se for servir o frango sozinho (como um ensopado, sem a crosta), está pronto (você também pode congelar quando estiver em temperatura ambiente). Se for fazer a crosta de milho, transfira o frango para uma travessa de cerâmica de cerca de 20 cm x 30 cm e reserve.

Carne e frango

3. Preaqueça o forno a 200°C.

4. Em um liquidificador, coloque a manteiga, o milho, o leite, as gemas de ovo e ¾ de colher (chá) de sal. Bata por alguns segundos, para formar uma pasta grossa, então transfira para uma tigela grande. Coloque as claras em uma tigela separada e bata em neve. Misture com cuidado com o milho batido e despeje uniformemente por cima do frango.

5. Asse por 35 minutos, até a superfície dourar, ficando de olho depois dos 25 para garantir que o topo não esteja escurecendo demais: talvez seja necessário cobrir com papel-alumínio nos últimos 10 minutos. Tire do forno e deixe descansar por 10 minutos antes de servir.

CROSTA DE MILHO

70 g de manteiga sem sal, derretida

500 g de milho, fresco ou congelado e descongelado (se for usar espigas, grãos de 4 grandes)

3 colheres (sopa) de leite

3 ovos, gemas e claras separadas

Foto a seguir

Peixe

Peixe

Tartar de truta com manteiga queimada e pistache

O tartar depende muito da qualidade e do frescor dos ingredientes. A truta precisa estar tão fresca quanto possível, o pistache precisa ser bom — sempre prove para ver se está bom — e o sal deve ser em flocos. Se conseguir encontrar pistache laminado, aproveite — a forma alongada e o verde vibrante ficam ótimos —, mas o pistache inteiro grosseiramente picado também serve. Este é um prato fácil de fazer e que impressiona muito.

1. Coloque a chalota em uma tigela pequena com 2 colheres (sopa) de sumo de limão-siciliano, o açúcar, ½ colher (chá) de sal marinho e uma pitada generosa de pimenta-do-reino. Incorpore o açúcar e o sal às cebolas com os dedos e reserve.

2. Em outra tigela pequena, junte a truta, o azeite, as raspas de limão-siciliano, as 2 colheres (chá) restantes de sumo, 1½ colher (chá) de sal marinho e uma pitada generosa de pimenta-do-reino. Mexa e reserve por 30 minutos — não mais que isso, ou o peixe vai cozinhar demais.

3. Antes de servir, coloque a manteiga e o cominho em uma panela pequena e leve ao fogo médio. Derreta a manteiga com cuidado por cerca de 5 minutos, girando a panela de vez em quando, até começar a formar espuma, dourar, soltar cheiro e caramelizar.

4. Divida a truta em quatro pratos e cubra com as chalotas (descartando quaisquer líquidos). Polvilhe por cima o pistache e o estragão e regue com a manteiga queimada. Finalize com um pouco de sal marinho e sirva.

Serve 4 como entrada

- **1 chalota,** em rodelas bem finas, de 1 a 2 mm de espessura (30 g)
- **2 limões-sicilianos:** rale a casca fino até obter 2 colheres (chá), então esprema até obter 40 ml de sumo
- **½ colher (chá) de açúcar**
- **4 trutas,** sem pele e sem espinhas, cortadas em pedaços de 1,5 cm (360 g)
- **1 colher (chá) de azeite**
- **25 g de manteiga sem sal**
- **½ colher (chá) de cominho em grãos**
- **20 g de pistache laminado** (ou grosseiramente picado, se não tiver), ligeiramente tostado
- **5 g de folhas de estragão** bem picadas
- **sal marinho em flocos e pimenta-do-reino**

Peixe

Cavalinha com pistache e cardamomo

Esta é uma entrada de verão muito impressionante (e muito fácil, mas ninguém precisa saber). Cai bem como prato principal, servido com arroz com ervas.

Serve 4 como entrada ou 2 como prato principal

8 bagas de cardamomo (ou ½ colher [chá] de cardamomo em pó)
4 filés de cavalinha, com pele e espinhas removidas (260 g)
1 pedaço de gengibre de 3 cm, sem casca (25 g)
30 g de creme de leite fresco
30 g de *sour cream* (para receita caseira, ver p. 10)
15 g de coentro bem picado
10 g de folhas de manjericão bem picadas
25 g de pistache, ligeiramente tostadas e grosseiramente picadas
2 limões-taiti: rale fino 1 para obter 1 colher (chá) de raspas, então esprema até obter 1 colher (sopa) de sumo; corte o outro em cunhas, para servir
1 pimenta dedo-de-moça verde, sem sementes e bem picada
50 ml de óleo de girassol
sal

1. Usando o lado chato de uma faca grande, esmague as bagas de cardamomo para soltar as sementes. Transfira as sementes para um pilão e amasse bem: você deve chegar a cerca de ½ colher (chá). As bagas podem ser descartadas. Se usar cardamomo em pó, pule este passo.

2. Misture uma pitada de cardamomo — cerca de ⅛ de colher (chá) — com uma pitada de sal. Esfregue dos dois lados do peixe e reserve até a hora de fritar.

3. Rale fino o gengibre e pressione a polpa em uma peneira (com uma tigela embaixo): deve render 1 colher (chá) de sumo. Descarte a polpa e reserve o líquido.

4. Usando um garfo (ou um fuê pequeno, se tiver), bata o creme de leite fresco até endurecer. Com uma espátula, incorpore o *sour cream*, o sumo de gengibre e uma pitada pequena de sal, para obter um leve creme. Reserve na geladeira.

5. Misture as ervas com o pistache, o restante do cardamomo, as raspas e o sumo de limão, a pimenta, 20 ml de óleo de girassol e ⅛ de colher (chá) de sal. Reserve.

6. Na hora de servir, coloque as colheres (sopa) de óleo restantes em uma frigideira grande e leve ao fogo alto. Quando estiver muito quente, acrescente os filés de cavalinha, com a pele para baixo (ela deve chiar) e frite por 2 minutos. Pressione os filés com uma espátula furada enquanto fritam, para evitar que a pele enrole. Quando estiver crocante e dourada, vire e frite por mais 1 minuto, até dourar.

7. Transfira a cavalinha para quatro pratos individuais. Divida o creme de gengibre e o molho de pistache e cardamomo entre eles, dispondo ao lado de cada filé, e sirva quente, com uma cunha de limão.

Peixe

Salmão na frigideira da Bridget Jones

Serve 4 (faça metade da receita se conseguir aquele segundo encontro!)

100 g de groselha

4 filés de salmão, com pele e sem espinhas (500 g)

100 ml de azeite

4 talos de aipo, cortados em cubos de 1 cm (180 g), folhas removidas e reservadas para decoração

30 g de *pinoli* grosseiramente picado

40 g de alcaparras, mais 2 colheres (sopa) da salmoura

40 g de azeitona verde grande, sem caroço e cortada em cubos de 1 cm (cerca de 8)

¼ de colher (chá) de açafrão em estigmas, misturado com 1 colher (sopa) de água quente

20 g de salsinha grosseiramente picada

1 limão-siciliano: rale a casca fino até obter 1 colher (chá), então esprema até obter 1 colher (chá) de sumo

sal e pimenta-do-reino

Este é o prato que o personagem de Patrick Dempsey diz que pediria para a Bridget Jones de Renée Zellweger num segundo encontro imaginário em O bebê de Bridget Jones. *"Do Ottolenghi", diz Dempsey. "Delicioso e saudável!" E fácil, devo acrescentar! O que parece certa propaganda da minha parte na verdade não era. A receita nem estava no nosso cardápio, então tenho que agradecer por ela.*

1. Cubra a groselha com água fervente e deixe de molho por 20 minutos, enquanto prepara o salmão e faz o molho.

2. Tempere o salmão com 2 colheres (chá) de azeite, ⅓ de colher (chá) de sal e um bom punhado de pimenta-do-reino. Reserve enquanto faz o molho.

3. Coloque 75 ml de azeite em uma frigideira grande e leve ao fogo alto. Acrescente o aipo e o *pinoli* e cozinhe por 4 a 5 minutos, mexendo com frequência, até o *pinoli* começar a dourar (não tire os olhos, porque queima facilmente). Desligue o fogo e inclua as alcaparras e a salmoura, a azeitona, o açafrão com a água e uma pitada de sal. Escorra a groselha e acrescente, com a salsinha e as raspas e o sumo de limão-siciliano. Reserve.

4. Coloque a colher (sopa) de azeite restante em uma frigideira grande e leve ao fogo médio-alto. Quando estiver quente, acrescente os filés de salmão, com a pele para baixo, e frite por 3 minutos, até a pele ficar crocante. Reduza o fogo para médio, vire os filés e continue fritando por 2 a 4 minutos (dependendo do ponto de salmão de que gosta). Desligue o fogo e reserve.

5. Disponha o salmão em quatro pratos e despeje o molho em cima. Se tiver folhas de aipo, jogue por cima.

Peixe

Truta assada com molho de tomate, laranja e bérberis

Este é um daqueles pratos simples e rápidos para o meio da semana, mas impressionantes o bastante para que seus convidados se sintam especiais quando o servir. A receita pode ser facilmente dobrada ou triplicada, o que também ajuda. Para se adiantar, faça o molho 1 dia antes e mantenha na geladeira até a hora de servir. Arroz ou salada de batata como acompanhamento é o bastante.

Serve 2

150 g de tomate-cereja, cortado em quartos
1 laranja: rale a casca fino até obter 1 colher (chá), então esprema até obter 1 colher (sopa) de sumo
2 limões-taiti: esprema 1 para obter 1 colher (sopa) de sumo, corte o outro em cunhas para servir
1½ colher (chá) de *maple syrup* (ou mel)
1½ colher (sopa) de bérberis (ou groselha de molho em 1 colher [sopa] de sumo de limão-siciliano)
1 colher (chá) de erva-doce, levemente tostada e amassada
1 colher (sopa) de azeite
70 g de manteiga sem sal
1 dente de alho pequeno, amassado
2 trutas inteiras, com escamas e sem vísceras (peça ao peixeiro que faça isso por você) (700 g)
10 g de folhas de coentro bem picadas
sal e pimenta-do-reino

Peixe

1. Preaqueça o forno a 250°C.

2. Coloque o tomate em uma tigela média com as raspas e o sumo de laranja, o sumo de limão, o *maple syrup*, a bérberis, a erva-doce, o azeite, ⅛ de colher (chá) de sal e um bom punhado de pimenta-do-reino. Misture e reserve.

3. Em uma panela pequena, leve a manteiga e o alho ao fogo médio até derreter, sempre prestando atenção. Disponha as trutas em uma assadeira média, espaçadas. Polvilhe a parte de cima, a parte de baixo e a cavidade de cada peixe com ¼ de colher (chá) de sal. Despeje a mistura de manteiga, garantindo que cubra ambos os lados e a cavidade. Leve ao forno por 18 a 20 minutos, regando uma vez, até cozinhar.

4. Sirva o peixe na assadeira ou disponha em pratos, jogando os sucos do cozimento por cima. Inclua o coentro no molho e regue o peixe. Sirva com as cunhas de limão.

Peixe

Peixe com molho apimentado e tahine

Serve 4

800 g de halibute (ou outro peixe branco firme), 4 postas, com osso, ou 4 filés, sem pele e sem espinhas

60 ml de azeite

1 a 2 pimentas dedo-de--moça, picadas no sentido da largura em pedaços de 2 cm de comprimento, com a maior parte das sementes removida

3 dentes de alho, em fatias finas

1 colher (chá) de kümmel, mais ¼ de colher (chá) para servir

1 pimenta ancho seca, aparada, sementes descartadas, rasgada em pedaços de 5 cm (ou 1 colher [chá] de páprica defumada doce)

1 kg de tomate italiano, em cubos de 1 cm

2 colheres (sopa) de extrato de tomate

½ colher (chá) de açúcar

5 g de folhas de coentro grosseiramente picadas, para servir

sal

MOLHO DE TAHINE

50 g de tahine

1 colher (sopa) de sumo de limão-siciliano

Há muito poucas coisas, a meu ver, que não melhorem com um molho à base de tahine. Aqui, faz todo o sentido, equilibrando a pimenta e acrescentando uma cremosidade bem-vinda.

Sempre faço o dobro do molho de tomate e mantenho o excesso na geladeira por 1 semana ou no congelador por 1 mês, de modo que posso fazer o prato duas vezes ou consumir com frango ou vegetais grelhados. O molho de tahine pode ser feito 3 dias antes e mantido na geladeira.

1. Tempere levemente o peixe com ⅓ de colher (chá) de sal. Reserve.

2. Coloque o azeite em uma frigideira grande que tenha tampa e leve ao fogo médio-alto. Quando estiver quente, acrescente a pimenta dedo-de-moça e frite por 2 minutos, mexendo com frequência. Acrescente o alho, o kümmel e a pimenta ancho e deixe por 1 minuto, até o alho começar a dourar. Adicione o tomate, o extrato de tomate, o açúcar e ½ colher (chá) de sal. Quando estiver fervendo, reduza o fogo para médio e deixe cozinhar por 15 minutos, mexendo de vez em quando, até o molho engrossar. Acrescente o peixe, tampe a frigideira e cozinhe por 10 minutos.

3. Para fazer o molho, misture o tahine, o sumo de limão-siciliano, 60 ml de água e ⅛ de colher (chá) de sal.

4. Na hora de servir, tire com cuidado o peixe da frigideira e reserve em um ambiente quente. Se o peixe tiver soltado líquido demais durante o cozimento e o molho estiver ralo, aumente o fogo e deixe borbulhar rapidamente até engrossar. Prove e acrescente sal se necessário.

5. Transfira o peixe para uma travessa. Jogue o molho por cima, polvilhe com coentro e sirva.

Peixe

Palitos de peixe com crosta de coco

Serve 4

500 g de hadoque sem pele e sem espinhas (ou outro peixe branco firme), cortado em cerca de 12 pedaços, de 3 cm x 10 cm cada um

2 colheres (sopa) de sumo de limão-taiti

60 ml de creme de coco ou leite integral de coco

200 g de coco fresco ralado grosso (ou 150 g de coco seco ralado grosso)

20 g de farinha panko

1 colher (chá) de pimenta-calabresa em flocos

60 g de manteiga sem sal, derretida

1 limão-taiti, cortado em 4 cunhas, para servir

sal

Estes palitos de peixe são bastante diferentes, e as crianças amam. Não levam muita pimenta, mas você pode reduzir ou tirar por completo se for um problema. Agradeço a Jamie Kirkaldy por dar a Esme a ideia para esta receita.

1. Coloque o peixe em uma tigela com o sumo de limão, o creme de coco e ¼ de colher (chá) de sal. Misture, então deixe na geladeira por cerca de 1 hora, para marinar (não deixe muito mais, ou o peixe vai começar a se desfazer). Separe todo o creme que puder do peixe, então reserve.

2. Leve uma frigideira grande ao fogo médio-alto. Quando estiver quente, acrescente o coco ralado. Toste por 6 a 7 minutos (ou apenas 2 a 3 minutos, se estiver usando coco seco), mexendo de vez em quando, até dourar. Transfira para uma tigela rasa média e deixe esfriar. Inclua a farinha panko, a pimenta-calabresa em flocos e ½ colher (chá) de sal.

3. Quando estiver pronto para cozinhar, ligue o forno no máximo.

4. Um por vez, mergulhe os pedaços de peixe na manteiga derretida e depois passe na mistura de coco. Certifique-se de que estejam cobertos por inteiro e transfira para uma grade colocada dentro de uma assadeira grande forrada com papel-manteiga.

5. Leve ao forno, mantendo cerca de 20 cm entre a grelha e o peixe, para não queimar. Deixe por 5 a 6 minutos, virando cuidadosamente na metade do tempo, até que os palitos estejam cozidos e dourados. Se não estiver cozido, mas a crosta estiver escura, desligue o fogo e deixe no forno por 2 a 3 minutos, de modo que o calor residual conclua esse trabalho.

Peixe

Tacos de bolinho de peixe com manga

Rende 12 tacos, servindo 4

450 g de filés de linguado (ou um peixe branco similar), sem pele e sem espinhas, cortados em pedaços de 2 a 3 cm

1 dente de alho amassado

1 ovo grande

1½ colher (chá) de cominho em grãos, torrado e bem esmagado no pilão

4 limões-taiti: rale fino a casca, então corte em cunhas para servir

20 g de folhas de coentro bem picadas

120 g de iogurte grego

½ cebola-roxa, em fatias finas (40 g)

⅓ de manga, sem casca e em tiras finas e uniformes (100 g)

1 pimenta dedo-de-moça, sem sementes e em tiras finas e uniformes (10 g)

3 colheres (sopa) de óleo vegetal

12 tortilhas de milho ou trigo, de 15 cm de diâmetro, esquentadas

sal

Tacos são algo muito fácil e divertido de fazer com os amigos. Você pode preparar tudo bem antes — a mistura dos bolinhos (mas não cozinhar), o iogurte e os picles de cebola e manga podem ser feitos no dia anterior e mantidos separados na geladeira, de modo que você só vai precisar ir para o fogão 5 minutos antes da hora de comer, cozinhar os bolinhos e aquecer os tacos. Esquente as sobras no dia seguinte. O prato também funciona sem as tortilhas, se quiser comer com garfo e faca.

1. Coloque o peixe, o alho e o ovo no processador de alimentos com 1 colher (chá) de cominho, ¾ das raspas de limão e ¾ de colher (chá) de sal. Bata um pouco, só até formar uma pasta grossa, e transfira para uma tigela média. Acrescente metade do coentro, misture, então forme 12 bolinhos redondos, cada um pesando cerca de 45 g. Leve à geladeira por no mínimo 15 minutos (ou até 1 dia), para firmar.

2. Em uma tigela pequena, junte o iogurte, ½ colher (chá) de cominho, o restante das raspas de limão e ⅛ de colher (chá) de sal. Misture e reserve.

3. Em outra tigela pequena, misture a cebola, a manga e a pimenta e reserve.

4. Aqueça o óleo em uma frigideira grande e antiaderente e leve ao fogo médio-alto. Quando estiver quente, acrescente os bolinhos em levas e frite por 2 a 3 minutos de cada lado, até cozinhar e dourar. Transfira para um prato com papel-toalha.

5. Sirva cada taco quente, com 1 bolinho cortado ao meio, uma colherada de iogurte e os picles de manga. Finalize com coentro e limão espremido.

Peixe

Bolinho de peixe defumado e pastinaca

Adoro comer estes bolinhos no brunch, com um ovo poché por cima, mas a verdade é que ficam bons a qualquer hora do dia. Se for consumir no almoço ou no jantar, experimente acompanhar com sour cream *com um pouco de raiz-forte fresca ralada em cima. Estou contando dois bolinhos para cada pessoa, mas algumas pessoas podem acabar comendo um só, principalmente se for pela manhã e acompanhado por ovo. Os bolinhos podem ser feitos até 24 horas antes de servir, se mantidos na geladeira sem fritar.*

1. Preaqueça o forno a 210°C.

2. Misture a pastinaca, 3 colheres (sopa) de azeite e ¼ de colher (chá) de sal. Transfira para uma fôrma grande e forrada com papel-manteiga e asse por 30 minutos, até dourar e amolecer. Transfira para o processador de alimentos e bata para formar um purê grosso. Se a mistura estiver muito seca, acrescente 1 ou 2 colheres (sopa) de água e bata de novo para misturar. Transfira para uma tigela grande e reserve.

3. Coloque o peixe no processador de alimentos (não se preocupe em limpar) e pulse algumas vezes — deve ficar grosseiramente picado, e não completamente moído —, então acrescente à tigela de pastinaca, com o endro, a cebolinha, o alho, as raspas de limão-siciliano, os ovos, 1 colher (chá) de sal e bastante pimenta-do-reino. Misture bem e faça 12 bolinhos, com cerca de 8 cm de largura e 2 a 3 cm de espessura. Se quiser, você pode cobri-los e manter na geladeira (por no máximo 24 horas) até o momento de fritar.

4. Coloque metade da manteiga e metade do azeite restante em uma frigideira grande e leve ao fogo médio-alto. Quando a manteiga começar a formar espuma, acrescente metade dos bolinhos e frite por 8 minutos, virando na metade do tempo, até dourar e ficar crocante. Mantenha quente enquanto prossegue com o restante e sirva com uma cunha de limão-siciliano.

Rende 12 bolinhos, servindo 6 (se cada um for comer 2)

8 pastinacas, sem casca e cortadas em pedaços de 4 cm (600 g)

120 ml de azeite

560 g de bacalhau defumado ou filés de hadoque (sem corante), sem pele e sem espinhas, em pedaços de 4 cm

20 g de endro grosseiramente picado

20 g de cebolinha grosseiramente picada

2 dentes de alho amassados

2 limões-sicilianos: rale a casca fino até obter 2 colheres (chá), então corte em cunhas, para servir

2 ovos grandes levemente batidos

40 g de manteiga sem sal

sal e pimenta-do-reino

257

Peixe

Salada de camarão, milho e tomate

Serve 4 como entrada ou 2 como prato principal

440 g de camarão tigre com casca, removendo a casca depois, mas deixando a cauda intacta, sem tripa (ou 240 g já sem casca)

1 colher (chá) de azeite

1 cebola-roxa pequena, cortada em cunhas de 1,5 cm de largura (120 g)

100 g de milho congelado, descongelado

250 g de tomate-cereja

1 colher (sopa) de folhas de manjerona (ou orégano)

sal

MOLHO

1 pedaço de gengibre de 2 cm, sem casca e bem picado (15 g)

1 colher (sopa) de molho sriracha

1 ½ colher (sopa) de azeite

1 limão-taiti: rale a casca fino até obter 1 colher (chá), então esprema até obter 1 ½ colher (sopa) de sumo

¼ de colher (chá) de açúcar

Tirar a casca do camarão pode ser um trabalho duro, então talvez você prefira já comprar limpo (fresco ou congelado e descongelado). Caso opte pelo congelado, não vai poder manter a cauda intacta, que deixa o prato mais bonito, mas não há problema. Se quiser adiantar, faça o molho até 2 dias antes de servir.

1. Junte todos os ingredientes do molho e ⅛ de colher (chá) de sal e reserve.

2. Leve uma grelha ao fogo alto e deixe a cozinha ventilada. Enquanto aquece, misture o camarão, o azeite e ⅛ de colher (chá) de sal e reserve. Coloque a cebola na grelha por 5 minutos, virando de vez em quando até que esteja tostada e cozida, mas não perca a textura. Transfira para uma tigela grande e acrescente o milho à grelha. Cozinhe por 2 minutos, até tostar, e junte à cebola.

3. Prossiga com o tomate, grelhando por 3 minutos e virando para tostar por inteiro. Acrescente à tigela de cebola e milho. Leve o camarão à grelha e deixe por 4 minutos, virando na metade do tempo, até tostar e cozinhar. Junte ao restante, acrescentando a manjerona e o molho. Misture com cuidado e depois sirva.

Ensopado de lula e pimentão vermelho

Este prato é feito em uma única panela. É muito saboroso, e você pode deixá-lo cozinhando em fogo baixo por 30 minutos enquanto faz qualquer outra coisa na cozinha. Também fica delicioso 1 ou 2 dias depois de feito — só mantenha na geladeira e esqueça antes de servir. Acompanhe com um cuscuz simples, arroz ou pão para molhar e uma salada verde. Peça ao peixeiro que limpe a lula para você, se não quiser fazê-lo, ou compre congelada (e limpa).

1. Coloque o azeite em uma frigideira grande que tenha tampa e leve ao fogo médio-alto. Acrescente a cebola e o pimentão, com ⅓ de colher (chá) de sal, e cozinhe por 5 minutos, mexendo de vez em quando. Adicione o alho, o kümmel, a pimenta-da-jamaica e uma boa pitada de pimenta-do-reino. Deixe por mais 5 minutos, até que tudo tenha amolecido.

2. Acrescente a lula e cozinhe por 5 minutos. Junte o extrato de tomate, as folhas de louro e o tomilho. Cozinhe por mais 2 a 3 minutos e despeje o vinho. Reduza o fogo para baixo e deixe, com tampa, por cerca de 30 minutos, mexendo de vez em quando, até que a lula esteja cozida e macia. Se o molho ressecar perto do fim, talvez seja necessário acrescentar 1 ou 2 colheres (sopa) de água. Acrescente as raspas de laranja na hora de servir, se for usar, dê uma última mexida e sirva.

Serve 2 como prato principal ou 4 como antepasto

70 ml de azeite

1 cebola, em rodelas grossas de cerca de 1 a 1,5 cm de largura (160 g)

1 pimentão vermelho grande, cortado ao meio, sem miolo e sem sementes, cortado em fatias compridas de 1 cm de largura (150 g)

2 dentes de alho, em fatias finas

2 colheres (chá) de kümmel

¾ de colher (chá) de pimenta-da-jamaica em pó

1 kg de lula, limpa, sem pele e cortada em tiras de 1,5 cm de largura (500 g)

1½ colher (sopa) de extrato de tomate

3 folhas de louro

1 colher (sopa) de folhas de tomilho picadas

150 ml de vinho tinto

1 laranja pequena, com a casca ralada fino para obter ¼ de colher (chá) (opcional)

sal e pimenta-do-reino

Badejo inteiro com shoyu e gengibre

Este peixe pode ser o prato principal de um banquete ao estilo asiático, servido com arroz glutinoso (ver p. 173) e brócolis com shoyu, alho e amendoim (ver p. 76) ou qualquer salada verde. Se quiser adiantar, o peixe pode ser preparado algumas horas antes e mantido na geladeira, só esperando o molho ser jogado por cima para ser levado ao forno. Com agradecimentos a Helen Goh.

Serve 4

- **1 badejo inteiro,** de cerca de 45 cm de comprimento, com escamas, sem vísceras e lavado (1 kg)
- **10 cebolinhas com bulbo,** aparadas (160 g)
- **1 repolho médio,** cortado ao meio, sem miolo e com as folhas soltas (750 g)
- **1 pedaço de gengibre de 4 cm,** sem casca e em tiras finas e uniformes (30 g)
- **1 pimenta dedo-de-moça,** sem sementes e em tiras finas e uniformes
- **75 ml de óleo de amendoim**
- **10 g de coentro,** apenas folhas ou folhas e talos, se estiverem macios
- **sal marinho em flocos**

MOLHO
- **100 ml de caldo de galinha** (ou caldo de legumes)
- **2 colheres (sopa) de óleo de gergelim**
- **2 colheres (sopa) de vinho de arroz shaoxing** (ou xerez seco)
- **3½ colheres (sopa) de shoyu light**
- **1 colher (sopa) de açúcar**

1. Preaqueça o forno a 220°C.

2. Coloque os ingredientes do molho em uma panela pequena e leve ao fogo alto. Deixe ferver e cozinhe por mais 1 minuto, girando a panela levemente para que o açúcar dissolva. Desligue o fogo e reserve.

3. Faça 5 incisões diagonais dos dois lados do peixe, com 0,5 cm de profundidade e cerca de 8 cm de comprimento. Polvilhe 1 colher (chá) de sal marinho uniformemente em um lado do peixe e esfregue. Repita com mais 1 colher (chá) do outro lado e polvilhe dentro com ½ colher (chá). Faça fatias de 5 cm com 8 cebolinhas e reserve. Fatie as 2 restantes bem fino e reserve separadamente.

4. Espalhe o repolho e as fatias maiores de cebolinha em uma assadeira grande. Coloque o peixe por cima diagonalmente e polvilhe com gengibre. Despeje o molho, cubra com papel-alumínio e asse por 40 minutos, regando duas vezes durante o processo, até cozinhar por inteiro. Para conferir se está pronto, insira com cuidado uma faca em uma incisão e veja se a carne próxima ao osso já não está transparente. Polvilhe as fatias finas de cebolinha e a pimenta por cima e reserve.

5. Despeje o óleo de amendoim em uma panela pequena e leve ao fogo alto por cerca de 2 minutos, até começar a soltar fumaça. Com muito cuidado, despeje uniformemente por cima do peixe para que a pele e os vegetais fiquem crocantes. Polvilhe o coentro e sirva, direto da assadeira ou em uma travessa. No segundo caso, disponha as folhas de repolho e a cebolinha nela — tirando-as de debaixo do peixe —, então coloque cuidadosamente o peixe por cima. Regue com o molho do cozimento e sirva com o coentro.

Peixe

Bacalhau com grão-de-bico
e *harissa*

Serve 4 como aperitivo ou acompanhamento

200 g de bacalhau dessalgado, sem pele e sem espinhas, cortado em pedaços de 3 cm

2½ colheres (sopa) de azeite

⅓ de colher (chá) de cominho em pó

2 dentes de alho, 1 amassado e 1 em fatias finas

½ cebola bem picada (100 g)

2 bagas de cardamomo, amassadas com o lado chato da faca

1 colher (sopa) de *harissa* rosa (ou 50% mais ou menos, dependendo do tipo, ver p. 301) (15 g)

2 colheres (chá) de extrato de tomate

1½ limão-siciliano pequeno em conserva, só a casca, bem picada

400 g de grão-de-bico em conserva, lavado e escorrido (240 g)

200 ml de caldo de legumes

5 g de coentro grosseiramente picado

sal

Este é um ótimo aperitivo, com muito sabor. Sirva com pão e verduras escaldadas.

1. Misture o bacalhau com 1½ colher (chá) de azeite, o cominho, o alho amassado e ⅛ de colher (chá) de sal. Reserve por 15 minutos para marinar.

2. Coloque as 2 colheres (sopa) de azeite restantes em uma frigideira grande e leve ao fogo médio. Quando estiver quente, acrescente a cebola e frite por 4 a 5 minutos, mexendo com frequência, até que esteja macia e dourada. Reduza o fogo para médio, junte o alho e mexa por 1 minuto, então adicione o cardamomo amassado, a *harissa*, o extrato de tomate, o limão-siciliano em conserva, o grão-de-bico e ¼ de colher (chá) de sal. Mexa por mais 1 minuto, despeje o caldo e aqueça por 3 a 4 minutos, amassando alguns grãos com as costas de uma colher, até o molho engrossar.

3. Acrescente o peixe e cozinhe por 3 a 4 minutos, mexendo com cuidado e virando na metade do tempo, até cozinhar e despedaçar. Levante o peixe e descarte as bagas de cardamomo, polvilhe com o coentro, divida em pratos e sirva.

Foto a seguir

Peixe

Bolinho de camarão com milho

Estes bolinhos podem ser consumidos como aperitivo antes do jantar ou como entrada, com avocado ou salada de alface. Também funcionam em tamanho menor, como canapé. Faça em um terço do tamanho e reduza o tempo de cozimento para 1 minuto de cada lado.
A mistura pode ser feita até 1 dia antes, se quiser adiantar, então mantida na geladeira até a hora de fritar. Você também pode fritar 1 dia antes, se quiser, mantendo na geladeira e só esquentando antes de servir.

1. Coloque o camarão e o milho no processador de alimentos e pulse uma vez, só para quebrar. Acrescente os temperos em pó, a pimenta-calabresa em flocos, o coentro fresco, o ovo, as raspas de limão e ⅓ de colher (chá) de sal, então pulse mais algumas vezes, até que o camarão esteja grosseiramente processado e os ingredientes tenham se misturado. Transfira para uma tigela e reserve.

2. Coloque o óleo em uma frigideira média e leve ao fogo médio-alto. Quando estiver quente, use 2 colheres de sobremesa para moldar metade da mistura em 6 bolinhos (ou mais, se for servir como canapé). Leve-os à frigideira e amasse levemente, deixando-os com cerca de 2 cm de espessura. Frite por 2 minutos de cada lado (ou 1 minuto de cada lado, se for fazer a versão menor) e transfira para um prato com papel-toalha.

3. Continue com o restante da mistura e sirva quente, com sal polvilhado e cunhas de limão.

Rende 12 bolinhos, servindo 6 como entrada ou aperitivo, ou cerca de 36 bolinhos, servindo 12 como canapé

350 g de camarão jumbo sem casca
140 g de milho congelado, descongelado
¼ de colher (chá) de cominho em pó
½ colher (chá) de coentro em pó
½ colher (chá) de páprica defumada
¼ de colher (chá) de pimenta-calabresa em flocos
10 g de coentro grosseiramente picado
1 ovo grande, batido
2 limões-taiti: rale a casca fino até obter 2 colheres (chá), então corte em cunhas, para servir
3 colheres (sopa) de óleo vegetal
sal

Foto a seguir

263

Doces

Doces

Cheesecake de cereja

Há três componentes aqui, eu sei, mas são todos simples e podem ser feitos com antecedência, de modo que não sobre nenhum trabalho para o dia além de uma montagem bastante informal. O cheesecake (que dura 3 dias) e a compota (que dura 5 dias) precisam ser mantidos na geladeira, enquanto a farofa (que dura cerca de 1 semana) deve ser mantida em um recipiente hermético em temperatura ambiente. A compota e a farofa também ficam uma delícia no café da manhã, se sobrar ou quiser fazer só para isso, servidas com iogurte grego.

Serve 6 a 8

- 100 g de queijo feta
- 300 g de cream cheese
- 40 g de açúcar
- 1 limão-siciliano pequeno: rale a casca fino até obter 1 colher (chá)
- 130 ml de creme de leite fresco
- 2 colheres (sopa) de azeite, para servir

FAROFA
- 100 g de avelãs sem pele grosseiramente picadas
- 30 g de manteiga sem sal, gelada e cortada em cubos de 2 cm
- 80 g de farinha de amêndoa
- 25 g de açúcar
- 1 colher (sopa) de gergelim preto (ou branco)
- ⅛ de colher (chá) de sal

COMPOTA DE CEREJA
- 600 g de cereja congelada sem caroço, descongelada
- 90 g de açúcar
- 4 anises-estrelados
- 1 laranja: 4 tiras finas da casca

Doces

1. Com uma espátula, amasse o feta em uma tigela grande, deixando o queijo o mais homogêneo possível. Acrescente o cream cheese, o açúcar e as raspas de limão-siciliano e misture com a mão. Despeje o creme de leite fresco e bata levemente até que tenha engrossado o bastante para manter a forma. Deixe na geladeira até a hora de usar.

2. Preaqueça o forno a 200°C.

3. Para fazer a farofa, coloque as avelãs, a manteiga, a farinha de amêndoa e o açúcar em uma tigela. Misture com a mão até chegar à consistência de farofa. Inclua o gergelim e o sal e disponha em uma assadeira. Asse por cerca de 12 minutos, até dourar.

4. Para fazer a compota, coloque a cereja, o açúcar, o anis-estrelado e a casca de laranja em uma panela média e leve ao fogo médio-alto. Deixe ferver, então cozinhe em fogo baixo por 10 a 15 minutos, até o molho engrossar (ele vai continuar a engrossar enquanto esfria). Reserve para voltar à temperatura ambiente. O anis-estrelado e a casca de laranja podem ser descartados.

5. Na hora de servir, coloque uma colherada grande de cheesecake em cada pote e cubra com metade da farofa. Jogue a compota por cima e finalize com o restante da farofa. Regue o azeite e sirva.

Creme de baunilha com morango e ruibarbo assados

Se conseguir encontrar o ruibarbo com talos cor-de-rosa, compre. Os talos finos ficam lindos quando cozidos. O ruibarbo comum, no entanto, mais fácil de encontrar, também fica ótimo. O creme e a mistura de frutas podem ser feitos 1 dia antes e mantidos na geladeira até a hora de montar. Sirva com biscoitos amanteigados para acompanhar, se sentir falta de algo mais crocante.

1. Preaqueça o forno a 210°C.

2. Misture o ruibarbo e o morango com o açúcar e disponha em um refratário médio, no qual as frutas fiquem apertadas. Asse por 12 a 13 minutos, até que amoleçam, mas mantenham a forma, e o açúcar derreta. Não se preocupe se uma pequena quantidade de açúcar não derreter: só dê uma leve sacudida na fôrma que isso deve resolver. Deixe esfriar.

3. Abaixe a temperatura do forno para 190°C.

4. Para o creme, coloque as gemas de ovo, a maisena, o açúcar e o extrato de baunilha em uma tigela grande e bata até ficar homogêneo. Inclua aos poucos o creme de leite fresco e bata até misturar. Despeje tudo em um refratário redondo de 25 cm de diâmetro e transfira-o para um refratário maior, então inclua água fervente no segundo até chegar a 1 cm de altura. Asse por 25 minutos, até que o creme esteja cozido e começando a dourar no topo. Tire do forno, deixe esfriar e transfira para a geladeira.

5. Quando esfriar, coloque metade das frutas e do suco por cima e sirva com o restante como acompanhamento.

Serve 8 a 10

200 g de ruibarbo, cortado em pedaços de 3 cm

200 g de morango, aparados e cortados ao meio no sentido do comprimento

90 g de açúcar

CREME

4 gemas de ovo

1 colher (chá) de maisena

60 g de açúcar

2 colheres (chá) de extrato de baunilha

600 ml de creme de leite fresco

Doces

Morango assado com sumagre e creme de iogurte

Serve 6

900 g de iogurte grego

140 g de açúcar de confeiteiro

120 ml de creme de leite fresco

1 limão-siciliano: rale a casca fino até obter 1 colher (chá), então esprema até obter 2 colheres (sopa) de sumo

600 g de morango maduro, aparado e cortado ao meio no sentido do comprimento

1½ colher (sopa) de sumagre

10 g de hortelã, metade deixada nos ramos e a outra metade em folhas soltas bem picadas

1 fava de baunilha, dividida no sentido do comprimento e com as sementes raspadas

sal

Este é um bom doce ao qual recorrer quando se tem morangos que passaram um pouco do ponto. Levá-los ao forno faz com que fiquem deliciosamente moles e grudentos. Todos os elementos podem ser feitos 3 dias antes — mantenha-os separados na geladeira e monte na hora. Sirva sozinho, se quiser algo mais leve, ou com biscoitos. Com agradecimentos a Helen Graham.

1. Coloque o iogurte em uma tigela com metade do açúcar de confeiteiro e ¼ de colher (chá) de sal. Misture e transfira para uma peneira forrada com musselina (ou um perfex limpo) sobre uma tigela. Amarre o tecido em uma trouxa com barbante, coloque uma tigela por cima para fazer peso e leve à geladeira por 30 minutos. Esprema para tirar o máximo de líquido possível, até restar cerca de 550 g de iogurte engrossado. Tire o pano, descartando qualquer líquido, e transfira para uma tigela. Junte o creme de leite fresco e as raspas de limão-siciliano e leve à geladeira até a hora de usar.

2. Preaqueça o forno a 220°C.

3. Enquanto isso, misture o morango, o sumagre, os ramos de hortelã, a fava de baunilha e as sementes, o sumo de limão-siciliano, o restante do açúcar de confeiteiro e 80 ml de água. Transfira para uma travessa refratária de cerca de 30 cm x 20 cm. Asse por 20 minutos, chacoalhando na metade do tempo, até amolecer e borbulhar. Deixe esfriar em temperatura ambiente, remova e descarte a hortelã e a fava de baunilha. Coe o líquido para uma jarra. Despeje 3 colheres (sopa) de sumo no iogurte cremoso e mexa um pouco, deixando marcas coloridas em vez de misturar tudo. Reserve 3 colheres (sopa) de sumo para servir. (Guarde o restante para tomar com iogurte e granola no café da manhã.)

4. Para servir, distribua o creme em tigelas e coloque o morango por cima. Despeje os sumos e polvilhe com a hortelã rasgada.

Doces

Torta de amêndoa com amora e ameixa

Serve 6 generosamente

200 g de amora

4 ameixas maduras, sem cabo, cortadas em cunhas de 1 cm de largura (360 g)

1 colher (chá) de extrato de baunilha

60 g de açúcar

3 folhas frescas de louro

1 colher (chá) de canela em pó

60 g de farinha de trigo

200 g de açúcar de confeiteiro, peneirado

120 g de farinha de amêndoa

⅛ de colher (chá) de sal

150 g de clara de ovo (de 4 a 5 ovos grandes)

180 g de manteiga sem sal, derretida e ligeiramente esfriada

Esse tipo de massa com farinha de amêndoa é bastante popular na Austrália, na Nova Zelândia e na França. A clara em neve e a pouca farinha de trigo o deixam incrivelmente leve, enquanto a farinha de amêndoa o mantém bem molhadinho. Tradicionalmente são feitos bolinhos, mas nesta receita tudo é colocado em uma única assadeira.

Você pode fazer a massa bem antes, se quiser adiantar — ela dura até 1 dia na geladeira —, mas não macere a fruta ao mesmo tempo, porque vai soltar sumo demais.

Sirva com creme ou sorvete de baunilha, ou apenas creme de leite fresco. Você pode brincar com a fruta, de acordo com a época. Framboesa e pêssego são uma boa combinação, por exemplo.

1. Coloque a amora e a ameixa em uma tigela com o extrato de baunilha, o açúcar, as folhas de louro e ½ colher (chá) de canela. Reserve por 30 minutos. Não deixe por mais tempo que isso, ou as frutas vão soltar suco demais.

2. Preaqueça o forno a 210°C.

3. Misture a farinha de trigo, o açúcar de confeiteiro, a farinha de amêndoa, ½ colher (chá) de canela e o sal em uma tigela grande separada. Reserve.

4. Bata a clara de ovo à mão por 30 segundos, até começar a espumar. Junte à mistura de farinha, com a manteiga derretida, até incorporar.

5. Distribua a massa em uma assadeira de 20 cm x 30 cm forrada com papel-manteiga e cubra uniformemente com as frutas e os sumos. Asse por 40 minutos, cobrindo com papel-alumínio nos últimos 10, até a massa dourar e a fruta borbulhar. Deixe descansar por 10 minutos antes de servir.

Doces

Bolo de amêndoa e limão-siciliano com blueberry

Serve 8

150 g de manteiga sem sal, em temperatura ambiente, e mais para untar

190 g de açúcar

2 limões-sicilianos: rale a casca fino até obter 2 colheres (chá), então esprema até obter 2 colheres (sopa) de sumo

1 colher (chá) de extrato de baunilha

3 ovos grandes, batidos

90 g de farinha com fermento, peneirada

⅛ de colher (chá) de sal

110 g de farinha de amêndoa

200 g de blueberry

70 g de açúcar de confeiteiro

Apesar de todos os moldes que podem ser usados para assar, não há nada como uma fôrma simples de bolo inglês para nos reassegurar de que está tudo bem com o mundo. Esta receita é atemporal, fácil e dura 3 dias se mantida num recipiente hermético em temperatura ambiente.

1. Preaqueça o forno a 200°C. Unte e forre uma fôrma de bolo inglês de 11 cm x 21 cm e reserve.

2. Coloque a manteiga, o açúcar, as raspas de limão-siciliano, 1 colher (sopa) de sumo de limão-siciliano e a baunilha na batedeira com a raquete acoplada. Bata em velocidade alta por 3 a 4 minutos, então baixe para média. Acrescente os ovos, em levas pequenas, raspando a lateral da tigela. A mistura pode abrir um pouco, mas não se preocupe: vai voltar a se agregar. Adicione a farinha de trigo, o sal e a farinha de amêndoa em três levas. Por último, inclua 150 g de blueberry, misture com uma colher e despeje na fôrma.

3. Asse por 15 minutos, então polvilhe os 50 g de blueberry restantes por cima. Devolva ao forno por mais 15 minutos, até que esteja dourado, mas não totalmente assado. Cubra levemente com papel-alumínio e continue a assar por 25 a 30 minutos, até crescer e assar. Teste inserindo uma faca no meio: se sair limpa, está pronto. Tire do forno e deixe esfriar por 10 minutos. Desenforme e transfira para uma grade de resfriamento até chegar à temperatura ambiente.

4. Enquanto isso, faça a cobertura. Coloque a colher (sopa) de sumo de limão-siciliano restante em uma tigela com o açúcar de confeiteiro e bata até ficar homogêneo. Despeje sobre o bolo e espalhe com cuidado: as frutas de cima vão abrir um pouco, mas não se preocupe: isso só vai contribuir para o visual.

Doces

Clafoutis de figo e tomilho

Serve 4

90 g de açúcar mascavo

2 colheres (sopa) de vinho tinto

1 colher (sopa) de folhas de tomilho

2 limões-sicilianos: rale a casca fino até obter 2 colheres (chá), então esprema até obter 1 colher (sopa) de sumo

420 g de figo bem maduro (cerca de 10, dependendo do tamanho), sem talo, cortado ao meio no sentido do comprimento

2 ovos grandes, gemas e claras separadas

50 g de farinha de trigo

1½ colher (chá) de extrato de baunilha

100 ml de creme de leite fresco

⅛ de colher (chá) de sal

sorvete de baunilha ou creme de leite fresco, para servir

Pode parecer muita coisa para servir apenas quatro, mas é tão leve e fofo que você vai se surpreender com quanto pode comer. O figo pode ser feito 2 dias antes e mantido na geladeira.

1. Preaqueça o forno a 190°C.

2. Coloque 50 g de açúcar em uma frigideira pequena que possa ir ao forno (de cerca de 18 cm de diâmetro), com 1 colher (sopa) de água. (Se não tiver uma, cozinhe o figo em uma frigideira média comum e transfira depois para uma assadeira quadrada de 22 cm.) Leve ao fogo médio-alto por 3 a 4 minutos, girando a frigideira algumas vezes, até o açúcar derreter completamente e borbulhar depressa. Acrescente o vinho e o tomilho com cuidado e mexa sem parar por cerca de 1 minuto, mantendo a frigideira no fogo, até misturar e engrossar. Desligue o fogo, inclua o sumo de limão-siciliano e o figo e deixe esfriar por 20 minutos (ou mais) — só não deve estar pelando quando a cobertura for despejada por cima. Se for necessário transferir o figo para uma assadeira, faça isso agora.

3. Coloque as gemas em uma tigela com os 40 g de açúcar restantes, a farinha, o extrato de baunilha, o creme de leite fresco, as raspas de limão-siciliano e o sal. Bata até clarear e engrossar: 2 a 3 minutos à mão ou 1 minuto na batedeira. Bata a clara em neve separadamente à mão por 1 a 2 minutos e incorpore com cuidado à massa.

4. Espalhe o figo na base da frigideira (ou assadeira) e despeje a massa. Asse por cerca de 30 minutos, até que tenha crescido e esteja dourada e cozida. Tire do forno, divida entre quatro tigelas e sirva quente com sorvete de baunilha ou creme de leite fresco.

Doces

Cheesecake de iogurte e mel

Nada de forno, nada de banho-maria ou rachaduras: este é o cheesecake mais simples do mundo! Você pode fazer até 2 dias antes de servir, se quiser, e cobrir com mel e tomilho na hora. Pode ser mantido na geladeira, mas a massa amolece com o tempo.

Serve 8

500 g de iogurte grego
200 g de biscoito de aveia
60 g de manteiga sem sal, derretida
1 ½ colher (sopa) de folhas de tomilho
400 g de cream cheese
40 g de açúcar de confeiteiro, peneirado

1 limão-siciliano: rale a casca fino até obter 1 colher (chá)
150 g de chocolate branco, quebrado em pedaços de 1 a 2 cm
60 g de mel

1. Forre uma fôrma redonda com fundo removível de 23 cm de diâmetro com papel-manteiga e reserve.

2. Forre uma peneira com um pano de prato limpo e deixe sobre uma tigela. Coloque o iogurte e feche o pano de prato. Esprema o iogurte em uma bola, escorrendo tanto líquido quanto puder. Você deve ficar com cerca de 340 g de iogurte mais grosso. Reserve até precisar. O líquido pode ser descartado.

3. Coloque os biscoitos em um saco plástico tipo zip e esmague bem com um rolo de massa. Misture com a manteiga e 1 colher (sopa) de tomilho e transfira para a fôrma, pressionando para formar uma camada uniforme. Reserve na geladeira.

Doces

4. Bata o cream cheese, o iogurte coado, o açúcar de confeiteiro e as raspas de limão-siciliano até que fique homogêneo. Isso pode ser feito na batedeira ou com o mixer.

5. Coloque o chocolate em um refratário encaixado em uma panela com água em fervura baixa, sem que ele toque a superfície da água. Mexa o chocolate frequentemente por 2 a 3 minutos, tomando o cuidado de não deixar molhar o chocolate, ou ele vai desandar. Transfira o chocolate derretido para a mistura de cream cheese e misture bem.

6. Espalhe a mistura uniformemente por cima da base de biscoitos e leve à geladeira por ao menos 2 horas, até endurecer.

7. Na hora de servir, esquente o mel em uma panela pequena com a ½ colher (sopa) de folhas de tomilho restante até que esteja fino e escorra. Desligue o fogo e cubra o cheesecake.

8. Solte o fundo removível da fôrma, divida o cheesecake em 8 fatias e sirva.

281

Bolo de avelã, pêssego e framboesa

Gosto de usar avelãs sem pele para manter a cor mais clara do bolo, mas as com pele funcionam igualmente bem, se for o que tiver: a massa só vai ficar um pouco mais escura. Este bolo fica ótimo servido morno ou em temperatura ambiente. Dura 1 dia em um recipiente hermético, e não muito mais (como acontece com todos os bolos de avelã, que tendem a ressecar rapidamente).

1. Preaqueça o forno a 190°C. Forre uma fôrma redonda de fundo removível de 24 cm de diâmetro com papel-manteiga e pincele com o óleo.

2. Em uma tigela média, junte os pêssegos e 150 g de framboesa e 1 colher (sopa) de açúcar. Misture e reserve.

3. Coloque a avelã em um processador de alimentos e bata por menos de 1 minuto, até estar grosseiramente moída. Reserve.

4. Coloque o restante do açúcar na batedeira com a manteiga. Bata até ficar homogêneo, então acrescente os ovos aos poucos, até incorporar. Adicione a avelã processada, a farinha, o fermento em pó e o sal, e continue a bater até ficar homogêneo. Despeje a massa na fôrma e disponha as fatias de pêssego e a framboesa por cima. Asse por 70 a 80 minutos, cobrindo com papel-alumínio depois de 30 minutos para que não escureça demais.

5. Tire do forno e deixe esfriar levemente antes de desenformar. Coloque os 50 g de framboesa restantes por cima do bolo, no centro, e sirva.

Serve 10

2 colheres (chá) de óleo de girassol

2 pêssegos grandes, sem caroço, em cunhas de 1,5 cm de largura (340 g)

200 g de framboesa

320 g de açúcar

125 g de avelãs sem pele

200 g de manteiga sem sal, em temperatura ambiente

3 ovos grandes, batidos

125 g de farinha de trigo

1½ colher (chá) de fermento em pó

⅛ de colher (chá) de sal

Bolo de maçã com especiarias

Este bolo pode ser comido sozinho, morno ou em temperatura ambiente, ou servido como sobremesa com uma bola de sorvete de baunilha. Ele deve ser consumido no próprio dia ou no seguinte — mantenha em um recipiente hermético para conservar melhor.

1. Preaqueça o forno a 180°C. Unte uma fôrma de bolo redonda de 23 cm.

2. Coloque a manteiga e o açúcar na batedeira com a raquete acoplada. Bata em velocidade média, até que fique leve e fofo. Acrescente os ovos e o extrato de baunilha, um pouco por vez, até incorporar. Peneire a farinha e o sal juntos e acrescente em levas à massa, alternando com o *sour cream*. Desligue a batedeira assim que tudo estiver incorporado. Despeje a massa na fôrma de bolo e reserve.

3. Coloque todas as fatias de maçã em uma tigela. Junte o açúcar e a mistura de especiarias e polvilhe por cima. Misture, então disponha em cima da massa. Asse por 60 a 65 minutos, até que tenha crescido e o topo esteja crocante, firme e dourado. Uma faca inserida na massa não deve sair limpa, porque a maçã vai estar úmida, mas dá para saber que o bolo está pronto se não mexer com uma leve sacudida da fôrma.

4. Tire do forno e reserve por cerca de 30 minutos antes de desenformar.

5. Sirva morno ou em temperatura ambiente. Fatie com uma faca serrilhada para que a maçã não quebre.

Serve 10

130 g de manteiga sem sal, em temperatura ambiente e em cubos

150 g de açúcar

3 ovos grandes, levemente batidos

2 colheres (chá) de extrato de baunilha

300 g de farinha com fermento

⅓ de colher (chá) de sal

200 g de *sour cream* (para receita caseira, ver p. 10)

COBERTURA

3 maçãs-verdes grandes, sem casca, sem miolo e cortadas em cunhas de 1,5 cm de largura (585 g)

130 g de açúcar demerara

1 colher (sopa) da mistura de especiarias pumpkin pie

Doces

Rocambole de Nutella, avelã e gergelim

Estamos presumindo duas coisas aqui quando colocamos esta receita neste livro: a primeira é que todo mundo tem um pote de Nutella a postos (de modo que o ícone que indica que tudo estaria na despensa pode ser um pouco forçado, a gente sabe!), e a segunda é que fazer a massa e enrolá-la em todo tipo de delícia é mais fácil do que parece. O resultado é algo entre o bolo e o biscoito, e fica ótimo acompanhando uma xícara de chá ou de café. A massa é delicada, então é importante amolecer a Nutella (até que quase escorra) antes de passar. A inspiração foi um rocambole similar do Landwer Cafe, em Tel Aviv.

Rende 10 rocamboles

150 g de farinha de trigo, e um pouco mais para polvilhar a superfície de trabalho

¾ de colher (chá) de fermento biológico seco instantâneo

1½ colher (chá) de açúcar

3 colheres (sopa) de azeite, e um pouco mais para untar

¼ de colher (chá) de sal

65 ml de água morna

40 g de avelã, sem pele, tostada e grosseiramente picada

20 g de gergelim, ligeiramente tostado

150 g de Nutella, amolecida (no micro-ondas ou no fogo, com cuidado, até que fique fácil espalhar)

1 laranja pequena: rale a casca fino até obter 1 colher (chá)

2 colheres (chá) de açúcar de confeiteiro

1. Junte a farinha, o fermento biológico, o açúcar, 2 colheres (sopa) de azeite e o sal em uma tigela grande e misture bem. Com cuidado, despeje a água e, com uma espátula, misture bem. Transfira

Doces

para uma superfície levemente untada e, com as mãos levemente untadas também, trabalhe a massa por 3 minutos, até amolecer e ficar elástica. Talvez seja preciso acrescentar um pouco mais de azeite se ela começar a grudar na superfície ou nas mãos. Transfira para uma tigela levemente untada e cubra com um pano de prato limpo e úmido. Deixe crescer por 40 minutos, até quase dobrar de tamanho.

2. Preaqueça o forno a 240°C.

3. Misture a avelã e o gergelim em uma tigela pequena e separe 1 colher (sopa).

4. Em uma superfície levemente enfarinhada, abra a massa em um retângulo de 40 cm x 30 cm, com o lado maior paralelo à superfície de trabalho. Com uma espátula, passe a Nutella na massa, deixando uma borda de 2 cm no topo. Polvilhe com as raspas de laranja uniformemente e espalhe a mistura de avelã e gergelim. Faça um cilindro comprido com a massa. Pincele com a colher (sopa) de azeite restante, então polvilhe com a colher (sopa) de gergelim e avelã reservada (pressione contra a massa com cuidado, para que grude). Apare as pontas e corte em 10 pedaços, cada um com 3 cm de largura, então transfira para uma assadeira forrada com papel-manteiga, com a emenda para baixo.

5. Asse por cerca de 8 minutos, até dourar. Polvilhe com açúcar de confeiteiro e deixe esfriar um pouco antes de servir.

Doces

Barras de chocolate com menta e pistache

Rende 24 barras

100 g de chocolate amargo sabor menta, picado grosseiramente em pedaços de 3 cm

200 g de chocolate amargo (70%) grosseiramente picado em pedaços de 3 cm

120 g de manteiga sem sal, cortada em cubos de 2 cm

100 g de golden syrup ou mel

⅛ de colher (chá) de sal

100 g de uva-passa preta ou branca, demolhada por 30 minutos em **2 colheres (sopa) de rum**

170 g de bolacha maria, quebrada em pedaços grosseiros de 2 cm

100 g de pistache picado

Você pode usar tudo o que tiver em mãos nesta receita — por isso o ícone de despensa. O sabor do chocolate pode variar (gengibre, pimenta ou o que for), e você pode adicionar biscoitos, oleaginosas, frutas secas ou bebidas alcoólicas diferentes das que estão listadas aqui, dependendo do que tiver e do que gostar. Pode ser guardado na geladeira, em um pote com tampa, por até 1 semana.

1. Forre uma assadeira ou uma travessa de vidro de 28 cm x 18 cm com papel-manteiga e reserve.

2. Coloque os dois chocolates, a manteiga, o golden syrup e o sal em um refratário encaixado em uma panela com água em fervura lenta (tomando cuidado para que a base da tigela não toque a superfície da água). Aqueça por 2 a 3 minutos, mexendo com frequência, até que derretam totalmente.

3. Acrescente a uva-passa e o rum, os biscoitos e ¾ do pistache (procure acrescentar os pedaços maiores aqui, deixando os menores para finalizar) ao chocolate. Com uma espátula, misture tudo até que os biscoitos e o pistache estejam completamente cobertos de chocolate. Transfira para o recipiente preparado, nivelando o topo com uma espátula para que fique liso e homogêneo, então polvilhe com o restante do pistache. Reserve por 10 minutos para esfriar, então cubra bem com filme plástico. Leve à geladeira por 2 a 3 horas, até endurecer completamente.

4. Corte em 24 barras. Se não for servir na hora, guarde em um recipiente hermético na geladeira e sirva em seguida.

Doces

Biscoitos de chocolate brunsli

Qualquer suíço diria que estes biscoitos devem ser feitos com cravo e canela e comidos apenas no Natal. Tendo experimentado com a mistura de especiarias e os tendo comido o ano todo com muito prazer, defendo vigorosamente que as regras destes biscoitos sem glúten e com textura de brownie sejam mais flexíveis. Cornelia Staeubli, que nasceu na Suíça e por quem quase todas as decisões no meu restaurante precisam passar, discordaria firmemente! De fato, estes biscoitos ficam ainda melhores em clima festivo, então usei um molde de estrelinhas aqui.

De qualquer maneira, eles duram por 5 dias em um pote com tampa. A massa pode ser congelada (em uma bola ou já cortada na forma de biscoitos) por até 1 mês. Se for botar direto no forno, só acrescente 1 a 2 minutos ao tempo para assar.

Rende 18 biscoitos (se for usar um cortador de biscoitos de 7 cm)

270 g de farinha de amêndoa

250 g de açúcar granulado, mais 10 g para polvilhar

40 g de açúcar de confeiteiro, peneirado

40 g de cacau alcalino, peneirado

1 laranja: rale a casca fino até obter 1 colher (chá)

1½ colher (chá) de tempero cinco especiarias chinesas

¼ de colher (chá) de sal

2 claras de ovo

1 colher (chá) de extrato de baunilha

Doces

1. Preaqueça o forno a 190°C.

2. Coloque a farinha de amêndoa, o açúcar granulado e de confeiteiro, o cacau, as raspas de laranja, o tempero cinco especiarias chinesas e o sal na batedeira, com o gancho acoplado. Bata em velocidade média, até misturar. Com a batedeira ainda ligada, acrescente a clara de ovo e o extrato de baunilha e deixe por mais 1 a 2 minutos, até que a massa aglutine, formando uma bola. Transfira para uma superfície limpa, forme discos chatos de cerca de 3 cm de espessura e embrulhe em filme plástico. Deixe descansando na geladeira por cerca de 1 hora.

3. Corte dois pedaços de papel-manteiga de 40 cm x 40 cm. Tire a massa do filme plástico, coloque entre os dois pedaços de papel e abra para formar um círculo de cerca de 22 cm de diâmetro e 1,5 cm de espessura. Usando um cortador de 7 cm de largura em forma de estrela (ou o que quer que for usar), molde os biscoitos e leve a uma assadeira grande e forrada com papel-manteiga. Vá juntando as sobras de massa e abra de novo, moldando mais estrelas. Prossiga até que toda a massa tenha sido usada, então polvilhe com os 10 g de açúcar granulado.

4. Asse por 12 minutos, até que a parte de baixo esteja levemente crocante e o miolo mole. Tire do forno e deixe esfriar.

Doces

Sorvete fácil de framboesa

Esta é a mesma receita de sorvete usada no sundae que aparece em meu livro Sweet. *Fica ótimo puro, então aqui merece uma dupla de páginas exclusiva.*

Faça o ano todo: vai muito bem com framboesa fresca quando é época e tem bastante dela, mas a congelada também serve. O líquido liberado pelas congeladas na verdade dá uma consistência homogênea excelente ao sorvete. Comece a fazer logo, se puder: esta receita exige pelo menos 12 horas no congelador, e tanto o sorvete como o purê duram até 1 mês.

Serve 6

600 g de framboesa fresca (ou congelada e descongelada)
2 colheres (sopa) de açúcar de confeiteiro
200 ml de creme de leite fresco

1 ovo, mais 2 gemas
1 colher (chá) de sumo de limão-siciliano
180 g de açúcar
⅛ de colher (chá) de sal

1. Coloque a framboesa no processador de alimentos e bata para formar um purê. Passe por uma peneira fina sobre uma tigela, usando uma colher grande para ajudar. As sementes não devem passar, e você pode fazer isso em levas, se necessário. Separe 260 g de purê e reserve. Peneire o açúcar de confeiteiro sobre o restante do purê — cerca de 100 g — e passe para uma jarra. Mantenha na geladeira até a hora de servir.

2. Coloque o creme de leite fresco na batedeira. Bata até formar picos suaves e transfira para uma tigela. Mantenha na geladeira até a hora de usar.

Doces

3. Encha uma panela média, na qual a tigela da batedeira se encaixe, com água o bastante para que suba alguns centímetros, mas sem tocar a base da tigela. Ferva a água, então reduza o fogo para baixo.

4. Enquanto isso, bata o ovo, as gemas, o sumo de limão-siciliano, o açúcar e o sal na batedeira. Encaixe a tigela na panela e deixe cozinhar em fogo baixo, mexendo a mistura sem parar por cerca de 5 minutos, até que o açúcar tenha dissolvido e a mistura esteja quente. Volte a tigela para a batedeira em velocidade média-alta, até que tenha engrossado e esfriado: ela vai engrossar bem rápido, mas leva cerca de 10 minutos ou mais para esfriar. Acrescente 260 g do purê e bata em velocidade baixa até misturar. Limpe a lateral interna da tigela e continue a bater até misturar. Tire o creme de leite fresco batido da geladeira e incorpore. Transfira a mistura para um pote grande, cubra com filme plástico e congele por no mínimo 12 horas.

5. Dez minutos antes de servir, tire o sorvete do congelador para que fique mole o bastante para fazer bolas. Divida entre tigelas e sirva em seguida, com um pouco do suco adoçado da framboesa por cima.

Sugestões de refeições SIMPLES
do jantar na semana a um banquete no fim de semana

É grande o número de maneiras como as 140 receitas deste livro podem ser combinadas para fazer diferentes refeições completas. Aqui vão apenas algumas ideias cobrindo uma variedade de ocasiões, de um jantar rápido no meio da semana a um evento especial ou festa ou uma refeição de fim de semana. Em alguns casos, há ideias separadas dependendo da estação. Focar na comida da época e amplamente disponível é o melhor modo de começar a manter as coisas simples na cozinha e se alimentar bem. Cardápios vegetarianos ou veganos estão marcados com (**V**) ou (**VG**).

Jantar na semana

Primavera/verão

Purê de avocado e fava p. 106 *(o purê dura 2 dias na geladeira. Mantenha a fava e a cebolinha da decoração separadas até servir)* + **Cuscuz com tomate-cereja e ervas p. 158** *(todos os elementos podem ser feitos 1 dia antes)* + **Carpaccio de tomate com molho de cebolinha e gengibre p. 29** *(faça 6 horas antes e mantenha na geladeira)* (**VG**)

Abobrinha recheada com molho de *pinoli* p. 60 *(o recheio pode ser feito até 1 dia antes, deixando a abobrinha pronta para rechear e grelhar)* + **Arroz ao forno com hortelã, romã e molho de azeitona p. 171** *(faça o molho antes, se quiser — vai ficar bom por algumas horas)* (**V**)

Bolinho de camarão com milho p. 263 *(a mistura pode ser feita até 1 dia antes e mantida na geladeira até a hora de fritar)* + **Abobrinha e ervilha com ervas e mingau de semolina p. 63**

Frango empanado com gergelim p. 235 *(a mistura de gergelim dura até 1 mês)* + **Batata-bolinha com ervilha e coentro p. 147** + **Salada de alface e pepino p. 38** *(prepare o pepino e faça o molho, mas mantenha separados até a hora de servir)*

Outono/Inverno

Sopa de coco com lentilha, tomate e curry p. 52 *(faça antes)* + **Tofu e vagem com molho chraimeh p. 104** *(o molho dura 1 semana)* (**VG**)

Sopa de abóbora, açafrão e laranja p. 54 *(faça a sopa antes e toste mais sementes de abóbora)* + **Pappardelle com *harissa*, azeitona preta e alcaparra p. 188** *(faça o molho 3 dias antes)* (**V**)

Peixe com molho apimentado e tahine p. 250 *(faça antes o molho de tomate e de tahine, em maior quantidade, e mantenha na geladeira ou no congelador)* + **Brócolis e couve fritos com alho, cominho e limão p. 75** *(branqueie os brócolis e a couve antes)*

Porco com berinjela, cebolinha e gengibre p. 231 *(pique tudo antes de começar para que esteja na mesa em menos de 15 minutos)* + **Arroz ou noodles** + **Brócolis com shoyu, amendoim e alho p. 76**

Brunch com os amigos

Bolinho de ervilha, feta e *zaatar* p. 20 *(a massa pode ser feita 1 dia antes)* + **Pão de beterraba, kümmel e queijo de cabra p. 16** *(dura por até 1 semana, é só fatiar e grelhar no dia)* + **Salada de avocado e pepino p. 13** *(servida com tofu mexido)* (V)

Tofu mexido com *harissa* p. 13 *(faça mais cebola com harissa e mantenha na geladeira)* + **Salada de alface e casca de batata assada com *harissa* p. 146** *(de cascas de batata reaproveitadas ou guarde o miolo cozido para fazer purê)* + **Rocambole de Nutella, avelã e gergelim p. 286** (**V**)

Almoço e jantar de fim de semana para amigos

Cordeiro e acompanhamentos na primavera

Paleta de cordeiro com hortelã e cominho p. 215 *(deixe o cordeiro marinando durante a noite na geladeira)* + **Arroz ao forno com hortelã, romã e molho de azeitona p. 171** *e/ou* **Batata-bolinha com ervilha e coentro p. 147** + **Salada de alface e pepino p. 38** *(faça o molho e prepare o pepino antes)* *e/ou* **Purê de avocado e fava p. 106** *(o purê pode ser feito antes e mantido na geladeira)* + **Salada de tomate, chalota, sumagre e *pinoli* p. 34** *(todos os elementos podem ser feitos antes)*

Jantar com salmão no verão

Salmão na frigideira da Bridget Jones p. 246 + **Purê com azeite aromático p. 130** + **Sorvete fácil de framboesa p. 292** *(dura bastante no congelador, então pode ser feito antes)*

Sugestões de refeições simples

Frango assado e acompanhamentos na primavera

Frango assado com limão-siciliano em conserva p. 227 *(o frango pode ser preparado antes, ficando pronto para ir ao forno)* + **Batata-bolinha com ervilha e coentro p. 147** *(pode ser feito algumas horas antes)* + **Salada de tomate e pepino com tahine e *zaatar* p. 36**

Frango assado e acompanhamentos no outono

Frango assado do Arnold com recheio de kümmel e cranberry p. 219 *(recheie o frango antes, deixando pronto para ir ao forno)* + **Purê com azeite aromático p. 130** *(a batata pode ser preparada antes)* + **Minicenoura assada com romã e *harissa* p. 116** *(a cenoura pode ser assada algumas horas antes de servir)* + **Couve-toscana com linguiça e conserva de limão-siciliano p. 85**

Jantar festivo

Frango à Marbella p. 229 *(o frango pode ser marinado até 2 dias antes, ficando pronto para ir ao forno)* + **Arroz ao forno com tomate confitado e alho p. 174** + **Salada de cenoura com iogurte e canela p. 118** *(cozinhe a cenoura no vapor antes e acrescente as ervas e o iogurte na hora de servir)* + **Couve-de--bruxelas com manteiga queimada e alho negro p. 113**.

Jantar em família

Nhoque à romana p. 198 *(faça até a hora de cortar e ir ao forno)* + **Almôndega com ricota e orégano p. 221** *(faça antes, deixando pronto para ser esquentado no forno na hora de servir)* + **Salada de alface e pepino p. 38** *(o molho pode ser feito antes e mantido na geladeira)*

Peixe ao estilo asiático

Badejo inteiro com shoyu e gengibre p. 260 *(pode ser preparado antes, só faltando ir ao forno)* + **Brócolis com shoyu, amendoim e alho p. 76** *e/ou* **Quiabo com molho agridoce p. 86** + **Arroz tailandês com gengibre, pimenta e amendoim crocantes p. 173**

Refeições temáticas

Para mim, é nessas ocasiões que você precisa adiantar a maior parte do trabalho de modo a disponibilizar bastante comida para que os convidados peguem na hora. As receitas às quais recorro nesses casos podem ser facilmente dobradas, triplicadas ou mais se necessário. Trata-se de pratos que podem ficar e ser comidos em temperatura ambiente, quando as pessoas quiserem. Exceções — quando algo precisa ser tirado do forno ou montado no último minuto — foram apontadas quando necessário. Estou realmente cobrindo a mesa de comida aqui, então não sinta que precisa fazer tudo para que seja uma refeição temática de verdade.

Tapas

Ver imagem pp. 126-7

Purê de avocado e fava p. 106 *(faça até 2 dias antes, mas mantenha a fava reservada e frite e inclua a cebolinha só na hora de servir)* + **Purê de feijão--verde com pasta de pimentão p. 107** *(ambos podem ser feitos antes e montados na hora)* + **Bacalhau com grão-de-bico e *harissa* p. 262** + **Ensopado de lula e pimentão vermelho p. 259** *(faça até 2 dias antes e esquente na hora)* + **Batata frita no forno com orégano e feta p. 138** *(a batata precisa ser fervida antes)* + **Tortilha com cordeiro, tahine e sumagre p. 214** *(faça o recheio até 2 dias antes)*

Oriente médio

Ver imagem pp. 210-11

Cordeiro grelhado com amêndoa e água de flor de laranjeira p. 208 *(todos os elementos podem ser preparados antes e montados na hora)* + **Cuscuz com tomate-cereja e ervas p. 158** *(todos os elementos podem ser feitos 1 dia antes)* + **Salada de cebolinha e ervas p. 47** *(faça o molho 1 dia antes e prepare a salada 6 horas antes, acrescentando as ervas e o sal na hora)* + **Beterraba assada com molho de iogurte e limão-siciliano em conserva p. 125** + **Couve-flor assada inteira com tahine verde p. 94** *(o molho pode ficar na geladeira por até 3 dias)* + **Minicenoura assada com romã e *harissa* p. 116** *(asse a cenoura 6 horas antes e monte na hora)* + **Salada de tomate e pepino com tahine e *zaatar* p. 36**

Cordeiro de primavera

Ver imagem pp. 44-5

Paleta de cordeiro com hortelã e cominho p. 215 *(deixe a carne marinando durante a noite)* + **Arroz ao forno com hortelã, romã e molho de azeitona p. 171** *(faça o molho antes e deixe o arroz pronto para ir ao forno)* + **Aspargo assado com amêndoa, alcaparra e endro p. 82** + **Salada de tomate, chalota, sumagre e *pinoli* p. 34** *(todos os elementos podem ser feitos antes)* + **Raita de pepino e tomate p. 30** *(dura na geladeira por 2 dias)* + **Salada de abobrinha, nozes e tomilho p. 31** *(faça o azeite com alho antes e prepare a abobrinha até 6 horas antes, sem temperar com sal, pimenta ou sumo de limão)*

Jantar vegetariano

Ver imagem pp. 152-3

Burrata com uvas grelhadas e manjericão p. 43 *(faça a marinada até 1 dia antes e grelhe na hora)* + **Tomate-cereja estourado com iogurte gelado p. 70** *(o tomate precisa ser servido quente, mas pode ficar marinando por até 1 dia)* + **Abobrinha recheada com molho de *pinoli* p. 60** *(faça o recheio antes, faltando só colocar na abobrinha e assar)* + **Salada de alface com molho limpa-geladeira p. 37** *(o molho pode ser mantido na geladeira por 3 dias)* + **Abóbora com molho de milho e feta p. 122** *(os elementos podem ser feitos 1 dia antes e montados depois)* **(V)**

Festival de inverno

Ver imagem pp. 78-9

Frango assado do Arnold com recheio de kümmel e cranberry p. 219 *(o frango pode ser recheado 1 dia antes e mantido na geladeira)* + **Batata assada com *harissa* e alho confitado p. 142** *(o alho confitado pode ser feito com antecedência de 2 dias e a batata pode ser fervida 6 horas antes)* + **Couve-toscana com linguiça e conserva de limão-siciliano p. 85** + **Castanha-portuguesa e cogumelo com *zaatar* p. 112** *(precisa ser servido direto do forno, mas pode ser preparado antes, faltando acrescentar sal e pimenta e ir ao forno)* + **Brócolis e couve fritos com alho, cominho e limão p. 75** *(branqueie os brócolis e a couve antes)* + **Salada de cenoura com iogurte e canela p. 118** *(cozinhe a cenoura no vapor 6 horas antes e deixe voltar à temperatura ambiente antes de servir)*

Ingredientes "Ottolenghi"

Estes são os dez ingredientes que estou pedindo que compre. Ainda que os esteja chamando de "Ottolenghi", não são de nenhuma maneira meus, é claro: todos existem há muito mais tempo que eu! No entanto, são coisas que adoro usar, em que confio muito e que vou continuar a promover até que, espero, se tornem ingredientes do dia a dia para muita gente.

Como acontece com todos os ingredientes, a qualidade de cada um deles varia muito. O preço é um guia — em geral se obtém aquilo pelo que se paga. Mais importante do que isso, no entanto, é comprar o produto do país de origem, que sempre vai lhe dar uma versão mais "autêntica" (palavra que muitas vezes pode ser substituída por "saborosa"). As melhores bérberis, por exemplo, sempre serão as de uma importadora de produtos do Oriente Médio, assim como o sumagre mais azedo, o *zaatar* mais aromático e o tahine mais cremoso.

Isso não quer dizer que comprar tudo num supermercado comum, às vezes até mesmo com marca própria, é errado. Só quer dizer que (especialmente se você mora numa cidade grande ou costuma fazer suas compras on-line) vale a pena perder dez minutinhos para ir a um estabelecimento especializado ou comprar pela internet e esperar chegar.

De qualquer maneira, independentemente da versão que tiver, esses ingredientes são bombinhas de sabor, que enriquecem e dão pungência ao que quer que sejam acrescentados. Todos têm vida longa, então não se preocupe: você não vai precisar acrescentar alho negro a todos os pratos por semanas depois que tiver comprado.

Dito isso, cada um deles pode ser usado de tantas maneiras que não vão faltar ideias do que fazer com eles. Aqui vão algumas poucas sugestões, tanto gerais quanto relacionadas às receitas deste livro.

Sumagre é o tempero em pó vermelho forte feito dos frutos secos e esmagados da planta de mesmo nome. O sabor é adstringente e cítrico, e o tempero pode ser usado em todo tipo de prato. Ovos são a combinação clássica, mas fica igualmente bom com carne, peixe e vegetais grelhados. Pode ser tanto polvilhado sobre um prato ou misturado com algum óleo como base de um molho ou marinada. Fiquei obcecado por cebolas com sumagre (p. 34) um verão, quando eu não conseguia parar de colocá-las sobre tomates-cereja. Também gosto de fazer iogurte com sumagre (p. 217) para servir com bolinhos de cordeiro ou colocar sobre vegetais assados. O sumagre tende a ser visto como salgado, mas funciona bem em pratos doces também (p. 272).

Zaatar é o pó verde que resulta da mistura de gergelim, sumagre, sal e as folhas secas e moídas da planta de mesmo nome. Há uma enorme variedade de marcas disponíveis, mas só uso aquelas que não acrescentam nada a esses quatro ingredientes. As folhas têm um aroma destacado e apetitoso, e seu sabor é completo. Fica bom com orégano e manjerona, mas também com cominho, limão-siciliano, sálvia e hortelã. Uma pitada sobre carne vermelha, peixe ou vegetais, ou misturado com algum óleo para regar o prato pode transformá-los por completo. Veja a salada com *zaatar* e tahine, por exemplo (p. 36), ou os cogumelos e as castanhas-portuguesas assados (p. 112). Também fica ótimo em patês. Se você não quer fazer a pasta de pimentão vermelho que vai em cima do purê de feijão-verde (p. 107), por exemplo, uma pitada de *zaatar* pode substituí-la.

Pimenta urfa em flocos
é a que eu costumo escolher no dia a dia, ainda que tenha inúmeras à disposição. Ela é mais saborosa — meio defumada e quase achocolatada — que picante, então pode ser generoso ao usá-la. Ovos mexidos, torrada com avocado amassado, queijo quente. Neste livro, utilizei-a no tomate-cereja assado, por exemplo, assim que sai do forno (p. 70), e no ensopado de lentilha e berinjela (p. 159).

Cardamomo em pó
pode ser difícil de achar. A maior parte das receitas neste livro começa, portanto, com bagas de cardamomo e segue a partir daí (fazendo com que você abra as bagas e esmague com cuidado as sementes dentro). No entanto, se você encontrar, compre e use. Dá uma doçura aromática e distintiva não só às sobremesas, mas aos pratos salgados também. Ele aparece no sobá (p. 181) e no molho que vai com o peixe frito (p. 244). Como guia, se uma receita fala em ½ colher (chá) de sementes (que você teria que esmagar), use ¼ de cardamomo em pó. Afinal, você não quer que as tais bombas de sabor de fato explodam na sua boca.

Melaço de romã
é um xarope doce e pungente. Acrescentar um fio a qualquer prato de carne vermelha ou vegetais é um modo de deixá-lo com uma bem-vinda nota agridoce. Cai muito bem com cordeiro, por exemplo: sempre acrescento um pouco à mistura das almôndegas (p. 204) ou à carne que vou combinar com tortilha (p. 214). Um fio na marinada ou na base de um ensopado também é uma boa maneira de criar uma cobertura doce e espessa para o que estiver cozinhando.

Harissa rosa é uma pasta de pimenta forte do Norte da África. Eu adoro e uso em todo tipo de prato neste livro: na marinada do contrafilé (p. 224), na casca das batatas que serão assadas (p. 146), para elevar um prato simples de macarrão (p. 188), no omelete com manchego (p. 7) ou para fazer uma fornada de cebolas caramelizadas com *harissa* (p. 13). A diferença entre a *harissa* e a *harissa* rosa é a adição de pétalas de rosa na última: de modo geral, elas conferem uma doçura especial à pasta e a abrandam. Dito isso, a variação no nível da pimenta entre uma *harissa* e outra, ou entre uma *harissa* rosa e outra, pode ser gigantesca. As receitas deste livro foram testadas com *harissa* rosa da Belazu, de que gosto muito. Se for usar outra, vai precisar provar e ponderar quanto usar. Muitas marcas não são tão fortes, então você vai precisar usar 50% a mais do que a receita indica. A *harissa* e a *harissa* rosa importadas do Norte da África, por outro lado, são bastante apimentadas, então você terá que usar 50% a menos do que a receita indica. Com pimenta, é sempre uma questão de gosto e tolerância, então dê uma experimentada para ver como é melhor para você.

Tahine é pouco mais que uma pasta de óleo feita com sementes de gergelim em pó, mas a qualidade varia enormemente dependendo de onde e como é feita. Tendo crescido com elas, sou suspeito na minha preferência pelas marcas libanesas, israelenses e palestinas, mais cremosas, em relação às gregas e cipriotas, que considero mais viscosas e menos saborosas. Por sua consistência, as variedades cremosas vão bem em todo tipo de molho. Adoro regar pratos com tahine, de uma simples salada (p. 36) a um molho à base de mel, shoyu e vinagre de arroz para a salada de alga e gergelim (p. 183). Também fica ótimo na torrada — você pode passar como manteiga e colocar mel ou xarope de tâmara em cima — ou como calda do sorvete de creme. O tahine está presente em muitas receitas deste livro, enriquecendo o bolo de carne de cordeiro (p. 206), regando levemente o peixe (p. 250) ou no molho verde que é servido para acompanhar os vegetais assados (p. 95).

Bérberis têm um sabor ácido que outras groselhas não têm. Vão bem em todo tipo de bolinhos, fritadas, omeletes e saladas com arroz. Há apenas duas receitas neste livro com elas: os bolinhos iranianos (p. 22) e o molho de laranja da truta (p. 248). Ainda assim, acho que vale a pena ter na despensa o tempo todo. Se não for possível, coloque a mesma quantidade de groselha em um pouco de sumo de limão-siciliano — cerca de 2 colheres (sopa) de sumo para 3 de groselha — por 30 minutos. Depois é só escorrer antes de usar.

Alho negro tem um sabor maravilhosamente concentrado: de alcaçuz de todos os sabores com bala de goma de vinagre balsâmico. Dentes de alho comum são tratados por um longo período e deixados para fermentar. Se o alho branco pode ser forte (e deixar mau hálito), o alho negro é o completo oposto: brando, doce e agradável. Neste livro, eu o usei para tirar a amargor da couve-de-bruxelas (p. 113) e emprestar um pouco do seu teor adocicado ao prato com arroz integral (p. 168), mas você pode brincar com ele em outras receitas. Experimente acrescentar um ou dois dentes em fatias finas à pizza antes de assar ou misturar ao risoto.

Limão-siciliano em conserva contribui com um sabor cítrico forte. Costumo só picar a casca e acrescentar ao prato ou molho para dar esse toque. Neste livro, usei conservas com limões pequenos, em vez dos maiores, com casca mais grossa, cujo sabor é muito mais pronunciado. Ele pode dar um pouco de contraste ao frescor da salada de alface (p. 146) ou ao raita de pepino e tomate (p. 30). Também tira o sabor terroso da beterraba (p. 125) e garante a energia de um prato que de outra forma seria comum, como os ovos mexidos (p. 6).

Comentário sobre receitas vegetarianas, veganas ou sem glúten

Este livro reúne receitas que se encaixam em uma estrutura preestabelecida sem comprometer o frescor, a abundância e o sabor. Desta vez, outros focos foram deixados de lado. Por isso, foi encantador ver quantas receitas por acaso eram vegetarianas e veganas. Cem por cento das sopas, dos vegetais crus, grãos, leguminosas e doces são vegetarianos, assim como de 80% a 90% das receitas de brunch, vegetais cozidos e pratos de batata. Metade dos pratos de batata, grãos, leguminosas e de vegetais crus é vegana.

Para uma lista completa de receitas livres de carne, glúten, oleaginosas, leite e outros (em inglês), acesse: <books.ottolenghi.co.uk>.

Índice remissivo

abóbora
abóbora assada com lentilha e dolcelatte, 119
abóbora com molho de milho e feta, 122
sopa de abóbora, açafrão e laranja, 54

abobrinha
abobrinha ao murro, 57
abobrinha e ervilha com ervas e mingau de semolina, 63
abobrinha no vapor com alho e orégano, 56
abobrinha recheada com molho de *pinoli*, 60-1
fritada de abobrinha e ciabatta, 9
salada de abobrinha, nozes e tomilho, 31
sopa de abobrinha, ervilha e manjericão, 53

açafrão
sopa de abóbora, açafrão e laranja, 54

acelga
acelga, espinafre e tomate com amêndoa tostada, 72-3
grão-de-bico com acelga e iogurte, 100

água de flor de laranjeira
cordeiro grelhado com amêndoa e, 208-9

aipo-rábano
aipo-rábano assado inteiro, 128
almôndega com limão-siciliano e aipo-rábano, 220

alcaparra
aspargo assado com amêndoa, alcaparra e endro, 82-3
pappardelle com *harissa*, azeitona preta e alcaparra, 188
salada de tomate e pão com anchova e alcaparra, 33

alecrim
batata frita com alecrim e sumagre, 139

alface
salada de alface com molho limpa-geladeira, 37
salada de alface e casca de batata assada com *harissa*, 146
salada de alface e pepino, 38

alga
espaguete de alga com molho de tahine e gergelim, 183

alho
abobrinha no vapor com alho e orégano, 56
arroz ao forno com tomate confitado e alho, 174
batata assada com *harissa* e alho confitado, 142
brócolis com shoyu, amendoim e alho, 76
brócolis e couve fritos com alho, cominho e limão, 75
tomate assado com gengibre, alho e pimenta, 68

alho negro
couve-de-bruxelas com manteiga queimada e alho negro, 113

alho-poró
ovos com alho-poró e *zaatar*, 6

almôndega
almôndega com limão-siciliano e aipo-rábano, 220
almôndega com ricota e orégano, 221
almôndega de cordeiro e feta, 204

ameixa
torta de amêndoa com amora e ameixa, 274

amêndoa
acelga, espinafre e tomate com amêndoa tostada, 72-3
aspargo assado com amêndoa, alcaparra e endro, 82-3
bolo de limão e amêndoa com blueberry, 276
cordeiro grelhado com amêndoa e água de flor de laranjeira, 208-9
torta de amêndoa com amora e ameixa, 274

amendoim
arroz tailandês com gengibre, pimenta e amendoim crocantes, 173
brócolis com shoyu, amendoim e alho, 76

amora
torta de amêndoa com amora e ameixa, 274

anchova
berinjela assada com anchova e orégano, 64
espaguete com anchova e aspargo-do-mar, 197
pizza de batata, anchova e sálvia, 150-1
salada de tomate e pão com anchova e alcaparra, 33

arroz
arroz ao forno com hortelã, romã e molho de azeitona, 171
arroz ao forno com tomate confitado e alho, 174
arroz tailandês com gengibre, pimenta e amendoim crocantes, 173

aspargo
aspargo assado com amêndoa, alcaparra e endro, 82-3
couve marinada na mostarda com aspargo, 81

aspargo-do-mar
espaguete com anchova e aspargo-do-mar, 197

atum
batata recheada com ovo e molho de atum, 136
molho de atum, 136

avelã
bolo de avelã, pêssego e framboesa, 283
rocambole de Nutella, avelã e gergelim, 286-7

avocado
purê de avocado e fava, 106
sobá com avocado, cardamomo e limão, 181

torrada com manteiga de avocado e tomate-cereja, 14

azeite
purê com azeite aromático, 130

azeitona
omelete de manchego e *harissa*, 7
pappardelle com *harissa*, azeitona preta e alcaparra, 188

---

bacalhau com grão-de-bico e *harissa*, 262
badejo inteiro com shoyu e gengibre, 260-1
barras de chocolate com menta e pistache, 288

batata
batata assada com *harissa* e alho confitado, 142
batata frita com alecrim e sumagre, 139
batata frita no forno com orégano e feta, 138
batata recheada com espinafre e gorgonzola, 134-5
batata recheada com ovo e molho de atum, 136
batata-bolinha com ervilha e coentro, 147
pizza de batata, anchova e sálvia, 150-1
purê com azeite aromático, 130
salada de alface e casca de batata assada com *harissa*, 146

batata-doce
batata-doce frita, 145
purê de batata-doce com limão, 131

baunilha
creme de baunilha com morango e ruibarbo assados, 271

bérberis
truta assada com molho de tomate, laranja e bérberis, 248-9

berinjela
berinjela assada com anchova e orégano, 64
berinjela assada com iogurte e curry, 66-7
ensopado de lentilha e berinjela, 159
espaguete à Norma, 184
lentilha com berinjela, tomate e iogurte, 166-7
porco com berinjela, cebolinha e gengibre, 231
triguilho com tomate, berinjela e iogurte de limão, 162

beterraba
beterraba assada com molho de iogurte e limão-siciliano em conserva, 125
pão de beterraba, kümmel e queijo de cabra, 16

bifum
salada de bifum com pepino e semente de papoula, 178

biscoitos de chocolate brunsli, 290-1

bolinho
bolinho de camarão com milho, 263
bolinho de cordeiro e pistache com molho de iogurte e sumagre, 217
bolinho de ervas iraniano, 22
bolinho de ervilha, feta e *zaatar*, 20
bolinho de peixe defumado e pastinaca, 257
tacos de bolinho de peixe com manga, 254

bolo
bolo de amêndoa e limão-siciliano com blueberry, 276
bolo de avelã, pêssego e framboesa, 283
bolo de maçã com especiarias, 285
Bridget Jones, salmão na frigideira da, 246

brioche
torrada com cogumelo e ovo poché, 10-1

brócolis
brócolis com shoyu, amendoim e alho, 76
brócolis e couve fritos com alho, cominho e limão, 75

brunsli, biscoitos de chocolate, 290-1
burrata com uvas grelhadas e manjericão, 43

---

camarão
bolinho de camarão com milho, 263
macarrão com camarão, tomate e feta marinado, 193
raita de pepino e tomate, 30
salada de camarão, milho e tomate, 258

canela
salada de cenoura com iogurte e canela, 118

cardamomo
cardamomo em pó, 300
cavalinha com pistache e cardamomo, 244-5
sobá com avocado, cardamomo e limão, 181

carne, 201-37
almôndega com limão-siciliano e aipo-rábano, 220
almôndega com ricota e orégano, 221
bolo de carne de cordeiro com tomate e molho de tahine, 212-3
contrafilé com *harissa*, pimentão e limão-siciliano, 224-5
salada de contrafilé e manjericão, 205
torta de carne moída com crosta de feijão-verde, 218

carpaccio de tomate com molho de cebolinha e gengibre, 29

castanha-portuguesa
castanha-portuguesa e cogumelo com *zaatar*, 112

303

Índice remissivo

cavalinha com pistache e cardamomo, 244-5
cebolinha
carpaccio de tomate com molho de cebolinha e gengibre, 29
salada de cebolinha e ervas, 47
cenoura
minicenoura assada com romã e *harissa*, 116
salada de cenoura com iogurte e canela, 118
cereja
cheesecake de cereja, 268-9
chalota
salada de tomate, chalota, sumagre e *pinoli*, 34
cheesecake
cheesecake de cereja, 268-9
cheesecake de iogurte e mel, 280-1
chocolate
barras de chocolate com menta e pistache, 288
biscoitos de chocolate brunsli, 290-1
rocambole de Nutella, avelã e gergelim, 286-7
chraimeh, molho, 104
ciabatta
fritada de abobrinha e ciabatta, 9
clafoutis de figo e tomilho, 278
coco
palitos de peixe com crosta de coco, 252
coentro
batata-bolinha com ervilha e coentro, 147
cogumelo
castanha-portuguesa e cogumelo com *zaatar*, 112
torrada com cogumelo e ovo poché, 10-1
triguilho com cogumelo e feta, 164-5
cominho
brócolis e couve fritos com alho, cominho e limão, 75
paleta de cordeiro com hortelã e cominho, 215
contrafilé com *harissa*, pimentão e limão-siciliano, 224-5
cordeiro
almôndega de cordeiro e feta, 204
bolinho de cordeiro e pistache com molho de iogurte e sumagre, 217
bolo de carne de cordeiro com tomate e molho de tahine, 212-3
cordeiro grelhado com amêndoa e água de flor de laranjeira, 208-9
paleta de cordeiro com hortelã e cominho, 215
siniyah de cordeiro, 206-7
torta de carne moída com crosta de feijão-verde, 218
tortilha com cordeiro, tahine e sumagre, 214

couve
brócolis e couve fritos com alho, cominho e limão, 75
couve marinada na mostarda com aspargo, 81
couve-de-bruxelas com manteiga queimada e alho negro, 113
couve-flor
couve-flor assada inteira com tahine verde, 94-5
couve-flor gratinada com mostarda, 92
salada de couve-flor e ovo com curry, 98-9
salada de couve-flor, romã e pistache, 91
sopa fria de pepino, couve-flor e gengibre, 26
tabule de couve-flor, 46
couve-toscana com linguiça e conserva de limão-siciliano, 85
creme de baunilha com morango e ruibarbo assados, 271
curry
berinjela assada com iogurte e curry, 66-7
salada de couve-flor e ovo com curry, 98-9
sopa de coco com lentilha, tomate e curry, 52
cuscuz com tomate-cereja e ervas, 158

doces, 267-93
barras de chocolate com menta e pistache, 288
biscoitos de chocolate brunsli, 290-1
bolo de amêndoa e limão-siciliano com blueberry, 276
bolo de avelã, pêssego e framboesa, 283
bolo de maçã com especiarias, 285
cheesecake de cereja, 268-9
cheesecake de iogurte e mel, 280-1
clafoutis de figo e tomilho, 278
creme de baunilha com morango e ruibarbo assados, 271
morango assado com sumagre e creme de iogurte, 272
rocambole de Nutella, avelã e gergelim, 286-7
sorvete fácil de framboesa, 292-3
torta de amêndoa com amora e ameixa, 274

edamame
salada verde, 111
ensopado
ensopado de lentilha e berinjela, 159
ensopado de lula e pimentão vermelho, 259
ervas
abobrinha e ervilha com ervas e mingau de semolina, 63

bolinho de ervas iraniano, 22
cuscuz com tomate-cereja e ervas, 158
salada de cebolinha e ervas, 47
ervilha
abobrinha e ervilha com ervas e mingau de semolina, 63
batata-bolinha com ervilha e coentro, 147
bolinho de ervilha, feta e *zaatar*, 20
sopa de abobrinha, ervilha e manjericão, 53
espaguete
espaguete à Norma, 184
espaguete de alga com molho de tahine e gergelim, 183
especiarias
salada de pêssego, framboesa e especiarias, 41
espinafre
acelga, espinafre e tomate com amêndoa tostada, 72-3
batata recheada com espinafre e gorgonzola, 134-5

fava
purê de avocado e fava, 106
feijão-da-espanha
feijão-da-espanha cozido no molho de tomate, 101
feijão-verde
purê de feijão-verde com pasta de pimentón, 107
torta de carne moída com crosta de feijão-verde, 218
fettuccine com molho apimentado de tomate-cereja, 187
figo
clafoutis de figo e tomilho, 278
framboesa
bolo de avelã, pêssego e framboesa, 283
salada de pêssego, framboesa e especiarias, 41
sorvete fácil de framboesa, 292-3
frango, 201-37
frango à Marbella, 229
frango assado com crosta de milho, 236-7
frango assado com limão-siciliano em conserva, 227
frango assado do Arnold com recheio de kümmel e cranberry, 219
frango com missô, gengibre e limão, 230
frango empanado com gergelim, 235
fritada de abobrinha e ciabatta, 9

Garry, repolho refogado do, 87
gengibre
arroz tailandês com gengibre, pimenta e amendoim crocantes, 173
badejo inteiro com shoyu e gengibre, 260-1

carpaccio de tomate com molho de cebolinha e gengibre, 29
frango com missô, gengibre e limão, 230
sopa fria de pepino, couve-flor e gengibre, 26
tomate assado com gengibre, alho e pimenta, 68
gergelim
espaguete de alga com molho de tahine e gergelim, 183
frango empanado com gergelim, 235
rocambole de Nutella, avelã e gergelim, 286-7
grão-de-bico
bacalhau com grão-de-bico e *harissa*, 262
grão-de-bico com acelga e iogurte, 100
macarrão com grão-de-bico e *zaatar*, 191

harissa
bacalhau com grão-de-bico e *harissa*, 262
batata assada com *harissa* e alho confitado, 142
contrafilé com *harissa*, pimentón e limão-siciliano, 224-5
minicenoura assada com romã e *harissa*, 116
omelete de manchego e *harissa*, 7
pappardelle com *harissa*, azeitona preta e alcaparra, 188
salada de alface e casca de batata assada com *harissa*, 146
tofu mexido com *harissa*, 13
hortelã
arroz ao forno com hortelã, romã e molho de azeitona, 171
paleta de cordeiro com hortelã e cominho, 215

iogurte
berinjela assada com iogurte e curry, 66-7
beterraba assada com molho de iogurte e limão-siciliano em conserva, 125
bolinho de cordeiro e pistache com molho de iogurte e sumagre, 217
cheesecake de iogurte e mel, 280-1
grão-de-bico com acelga e iogurte, 100
lentilha com berinjela, tomate e iogurte, 166-7
molho de iogurte e sumagre, 217
morango assado com sumagre e creme de iogurte, 272
salada de cenoura com iogurte e canela, 118
tomate-cereja estourado com iogurte gelado, 70
triguilho com tomate, berinjela e iogurte de limão, 162
iraniano, bolinho de ervas, 22

Índice remissivo

jalapeño
pão de milho com cheddar, feta e jalapeño, 19

kümmel
pão de beterraba, kümmel e queijo de cabra, 16

laranja
sopa de abóbora, açafrão e laranja, 54
truta assada com molho de tomate, laranja e bérberis, 248-9

leite de coco
bacalhau com grão-de-bico e *harissa*, 262
sopa de coco com lentilha, tomate e curry, 52

lentilha
abóbora assada com lentilha e dolcelatte, 119
ensopado de lentilha e berinjela, 159
lentilha com berinjela, tomate e iogurte, 166-7
sopa de coco com lentilha, tomate e curry, 52

limão
almôndega com limão-siciliano e aipo-rábano, 220
beterraba assada com molho de iogurte e limão-siciliano em conserva, 125
brócolis e couve fritos com alho, cominho e limão, 75
contrafilé com *harissa*, pimentão e limão-siciliano, 224-5
couve-toscana com linguiça e conserva de limão-siciliano, 85
frango assado com limão-siciliano em conserva, 227
frango com missô, gengibre e limão, 230
purê de batata-doce com limão, 131
salada de melancia, maçã-verde e limão, 40
sobá com avocado, cardamomo e limão, 181
triguilho com tomate, berinjela e iogurte de limão, 162

linguiça
couve-toscana com linguiça e conserva de limão-siciliano, 85

lula
ensopado de lula e pimentão vermelho, 259

maçã
bolo de maçã com especiarias, 285
salada de melancia, maçã-verde e limão, 40
tortilha com cordeiro, tahine e sumagre, 214

macarrão, 177-98
bolinho de cordeiro e pistache com molho de iogurte e sumagre, 217
espaguete de alga com molho de tahine e gergelim, 183
fettuccine com molho apimentado de tomate-cereja, 187
macarrão com camarão, tomate e feta marinado, 193
macarrão com grão-de-bico e *zaatar*, 191
macarrão com pecorino e pistache, 194
pappardelle com *harissa*, azeitona preta e alcaparra, 188
salada de bifum com pepino e semente de papoula, 178
sobá com avocado, cardamomo e limão, 181

manga
tacos de bolinho de peixe com manga, 254

manjericão
burrata com uvas grelhadas e manjericão, 43
salada de contrafilé e manjericão, 205
sopa de abobrinha, ervilha e manjericão, 53

manteiga
couve-de-bruxelas com manteiga queimada e alho negro, 113
tartar de truta com manteiga queimada e pistache, 243

Marbella, frango à, 229

mel
cheesecake de iogurte e mel, 280-1

melaço de romã, 204

melancia
salada de melancia, maçã-verde e limão, 40

menta
barras de chocolate com menta e pistache, 288

milho
abóbora com molho de milho e feta, 122
bolinho de camarão com milho, 263
frango assado com crosta de milho, 236-7
molho de milho, 122
pão de milho com cheddar, feta e jalapeño, 19
salada de camarão, milho e tomate, 258

mingau de semolina, 63

minicenoura assada com romã e *harissa*, 116

missô
frango com missô, gengibre e limão, 230

molho
melaço de romã, 204
molho agridoce, 86
molho chraimeh, 104
molho de atum, 136
molho de cebolinha e gengibre, 29
molho de iogurte e sumagre, 217
molho de milho, 122

molho de *pinoli*, 60-1
molho de pistache e cardamomo, 244-5
molho de tomate, 101, 184, 221, 250
molho de tomate, laranja e bérberis, 248-9
shoyu, 76, 260-1
tahine verde, 95

morango
creme de baunilha com morango e ruibarbo assados, 271
morango assado com sumagre e creme de iogurte, 272

mostarda
couve marinada na mostarda com aspargo, 81
couve-flor gratinada com mostarda, 92

nhoque à romana, 198

nozes
salada de abobrinha, nozes e tomilho, 31

Nutella
rocambole de Nutella, avelã e gergelim, 286-7

omelete de manchego e *harissa*, 7

orégano
abobrinha no vapor com alho e orégano, 56
almôndega com ricota e orégano, 221
batata frita no forno com orégano e feta, 138

ovo
batata recheada com ovo e molho de atum, 136
clafoutis de figo e tomilho, 278
fritada de abobrinha e ciabatta, 9
omelete de manchego e *harissa*, 7
ovos com alho-poró e *zaatar*, 6
salada de couve-flor e ovo com curry, 98-9
torrada com cogumelo e ovo poché, 10-1

paleta de cordeiro com hortelã e cominho, 215

palitos de peixe com crosta de coco, 252

pão
fritada de abobrinha e ciabatta, 9
pão de beterraba, kümmel e queijo de cabra, 16
pão de milho com cheddar, feta e jalapeño, 19
salada de tomate e pão com anchova e alcaparra, 33
torrada com cogumelo e ovo poché, 10-1
torrada com manteiga de avocado e tomate-cereja, 14

papoula
salada de bifum com pepino e semente de papoula, 178

pappardelle com *harissa*, azeitona preta e alcaparra, 188

pasta de pimentão, 107

pastinaca
bolinho de peixe defumado e pastinaca, 257

peixe, 241-63
bacalhau com grão-de-bico e *harissa*, 262
badejo inteiro com shoyu e gengibre, 260-1
bolinho de peixe defumado e pastinaca, 257
cavalinha com pistache e cardamomo, 244-5
ensopado de lula e pimentão vermelho, 259
palitos de peixe com crosta de coco, 252
peixe com molho apimentado e tahine, 250
salmão na frigideira da Bridget Jones, 246
tacos de bolinho de peixe com manga, 254
truta assada com molho de tomate, laranja e bérberis, 248-9

pepino
raita de pepino e tomate, 30
salada de alface e pepino, 38
salada de bifum com pepino e semente de papoula, 178
salada de tomate e pepino com tahine e *zaatar*, 36
sopa fria de pepino, couve-flor e gengibre, 26

pêssego
bolo de avelã, pêssego e framboesa, 283
salada de pêssego, framboesa e especiarias, 41

pimenta
arroz tailandês com gengibre, pimenta e amendoim crocantes, 173
fettuccine com molho apimentado de tomate-cereja, 187
pão de milho com cheddar, feta e jalapeño, 19
peixe com molho apimentado e tahine, 250
pimenta de Urfa em flocos, 300
raita de pepino e tomate, 30
tomate assado com gengibre, alho e pimenta, 68

pimentão
contrafilé com *harissa*, pimentão e limão-siciliano, 224-5
ensopado de lula e pimentão vermelho, 259
pasta de pimentão, 107
purê de feijão-verde com pasta de pimentão, 107

pinoli
abobrinha recheada com molho de *pinoli*, 60-1
salada de tomate, chalota, sumagre e *pinoli*, 34

pistache
barras de chocolate com menta e pistache, 288

305

Índice remissivo

bolinho de cordeiro e pistache
com molho de iogurte e
sumagre, 217
cavalinha com pistache e
cardamomo, 244-5
macarrão com pecorino e
pistache, 194
salada de couve-flor, romã e
pistache, 91
tartar de truta com manteiga
queimada e pistache, 243
**pizza de batata, anchova e
sálvia, 150-1**
**porco com berinjela,
cebolinha e gengibre, 231**
purê
purê com azeite aromático, 130
purê de batata-doce com limão,
131
purê de feijão-verde com pasta
de pimentão, 107

queijo
abóbora assada com lentilha e
dolcelatte, 119
abóbora com molho de milho e
feta, 122
almôndega de cordeiro e feta,
204
batata frita no forno com
orégano e feta, 138
batata recheada com espinafre e
gorgonzola, 134-5
bolinho de ervilha, feta e *zaatar*,
20
burrata com uvas grelhadas e
manjericão, 43
couve-flor gratinada com
mostarda, 92
macarrão com camarão, tomate
e feta marinado, 193
macarrão com pecorino e
pistache, 194
nhoque à romana, 198
omelete de manchego e *harissa*,
7
pão de beterraba, kümmel e
queijo de cabra, 16
pão de milho com cheddar, feta
e jalapeño, 19
repolho assado com estragão e
pecorino, 80
triguilho com cogumelo e feta,
164-5
quiabo
quiabo com molho agridoce, 86

raita de pepino e tomate, 30
repolho
repolho assado com estragão e
pecorino, 80
repolho refogado do Garry, 87
ricota
almôndega com ricota e
orégano, 221
**rocambole de Nutella, avelã e
gergelim, 286-7**
romã
arroz ao forno com hortelã,
romã e molho de azeitona,
171

melaço de romã, 204
minicenoura assada com romã e
harissa, 116
salada de couve-flor, romã e
pistache, 91
ruibarbo
creme de baunilha com morango
e ruibarbo assados, 271

salada
cuscuz com tomate-cereja e
ervas, 158
salada de abobrinha, nozes e
tomilho, 31
salada de alface com molho
limpa-geladeira, 37
salada de alface e casca de batata
assada com *harissa*, 146
salada de alface e pepino, 38
salada de bifum com pepino e
semente de papoula, 178
salada de camarão, milho e
tomate, 258
salada de cebolinha e ervas, 47
salada de cenoura com iogurte e
canela, 118
salada de contrafilé e manjericão,
205
salada de couve-flor e ovo com
curry, 98-9
salada de couve-flor, romã e
pistache, 91
salada de melancia, maçã-verde
e limão, 40
salada de pêssego, framboesa e
especiarias, 41
salada de tomate e pão com
anchova e alcaparra, 33
salada de tomate e pepino com
tahine e *zaatar*, 36
salada de tomate, chalota,
sumagre e *pinoli*, 34
salada de trigo-sarraceno e
vagem, 157
salada verde, 111
tabule de couve-flor, 46
**salmão na frigideira da
Bridget Jones, 246**
sálvia
pizza de batata, anchova e sálvia,
150-1
semolina
abobrinha e ervilha com ervas e
mingau de semolina, 63
shoyu
badejo inteiro com shoyu e
gengibre, 260-1
brócolis com shoyu, amendoim
e alho, 76
siniyah de cordeiro, 206-7
sopa
sopa de abóbora, açafrão e
laranja, 54
sopa de abobrinha, ervilha e
manjericão, 53
sopa de coco com lentilha,
tomate e curry, 52
sopa fria de pepino, couve-flor e
gengibre, 26
**sorvete fácil de framboesa,
292-3**

sumagre
batata frita com alecrim e
sumagre, 139
bolinho de cordeiro e pistache
com molho de iogurte e
sumagre, 217
molho de iogurte e sumagre, 217
morango assado com sumagre e
creme de iogurte, 272
salada de tomate, chalota,
sumagre e *pinoli*, 34
tortilha com cordeiro, tahine e
sumagre, 214

tabule de couve-flor, 46
**tacos de bolinho de peixe
com manga, 254**
tahine
bolo de carne de cordeiro com
tomate e molho de tahine,
212-3
couve-flor assada inteira com
tahine verde, 94-5
espaguete de alga com molho de
tahine e gergelim, 183
peixe com molho apimentado e
tahine, 250
salada de tomate e pepino com
tahine e *zaatar*, 36
tahine verde, 95
tortilha com cordeiro, tahine e
sumagre, 214
**tartar de truta com manteiga
queimada e pistache, 243**
tofu
tofu e vagem com molho
chraimeh, 104
tofu mexido com *harissa*, 13
tomate
acelga, espinafre e tomate com
amêndoa tostada, 72-3
arroz ao forno com tomate
confitado e alho, 174
bolo de carne de cordeiro com
tomate e molho de tahine,
212-3
carpaccio de tomate com molho
de cebolinha e gengibre, 29
cuscuz com tomate-cereja e
ervas, 158
espaguete à Norma, 184
feijão-da-espanha cozido no
molho de tomate, 101
fettuccine com molho
apimentado de tomate-cereja,
187
lentilha com berinjela, tomate e
iogurte, 166-7
macarrão com camarão, tomate
e feta marinado, 193
molho de tomate, 101, 184,
221, 250
raita de pepino e tomate, 30
salada de camarão, milho e
tomate, 258
salada de tomate e pão com
anchova e alcaparra, 33
salada de tomate e pepino com
tahine e *zaatar*, 36
salada de tomate, chalota,
sumagre e *pinoli*, 34

sopa de coco com lentilha,
tomate e curry, 52
tomate assado com gengibre,
alho e pimenta, 68
tomate-cereja estourado com
iogurte gelado, 70
torrada com manteiga de
avocado e tomate-cereja, 14
triguilho com tomate, berinjela e
iogurte de limão, 162
truta assada com molho de
tomate, laranja e bérberis,
248-9
tomilho
clafoutis de figo e tomilho, 278
salada de abobrinha, nozes e
tomilho, 31
torrada
torrada com cogumelo e ovo
poché, 10-1
torrada com manteiga de
avocado e tomate-cereja, 14
torta
torta de amêndoa com amora e
ameixa, 274
torta de carne moída com crosta
de feijão-verde, 218
trigo
salada de trigo-sarraceno e
vagem, 157
triguilho
triguilho com cogumelo e feta,
164-5
triguilho com tomate, berinjela e
iogurte de limão, 162
truta
tartar de truta com manteiga
queimada e pistache, 243
truta assada com molho de
tomate, laranja e bérberis,
248-9

uva
burrata com uvas grelhadas e
manjericão, 43

vagem
salada de trigo-sarraceno e
vagem, 157
salada verde, 111
tofu e vagem com molho
chraimeh, 104
vegetais
vegetais cozidos, 49-151
vegetais crus, 25-47

zaatar
bolinho de ervilha, feta e *zaatar*,
20
castanha-portuguesa e cogumelo
com *zaatar*, 112
macarrão com grão-de-bico e
zaatar, 191
ovos com alho-poró e *zaatar*, 6
salada de tomate e pepino com
tahine e *zaatar*, 36

Agradecimentos

É o meu nome que aparece na capa deste livro, mas há duas pessoas muito importantes que merecem crédito do mesmo nível, já que seus dedos podem ser identificados em cada página dele.

Tara Wigley trabalhou em muitos dos meus livros, sempre contribuindo de maneira sem igual. Neste, seu último "bebê", foi ela quem sugeriu dividir as receitas em diferentes tipos de simplicidade. Sua experiência na cozinha e como escritora talentosa foi fundamental para dar a este livro sua forma e seu sabor particulares.

Esme Howarth, contratada para testar receitas, fez muito mais do que isso implica, avaliando quase clinicamente todos os pratos. Suas ideias aparecem ao longo do livro na forma de receitas completas, assim como em diferentes abordagens e toques que tornam algo já bom ainda melhor.

Agradeço a Claudine Boulstridge, que fez cada um desses pratos, serviu para a família e retornou com críticas construtivas. Também agradeço a Ixta Belfrage por muitas boas sugestões.

Fico feliz e grato por minha longa colaboração com Jonathan Lovekin, que fotografou as receitas, e Caz Hildebrand, que fez o design do livro. Obrigado a ambos! Também agradeço a Wei Tang, pela louça, adereços e pelos dois patos de prata.

Um agradecimento especial a Noam Bar — por seus conhecimentos e por sempre dizer a verdade — e a Cornelia Staeubli e Sami Tamimi.

Gostaria de expressar minha gratidão a uma série de outras pessoas, dos dois lados do Atlântico, que foram cruciais para este livro: Felicity Rubinstein, Kim Witherspoon, Lizzy Gray, Louise McKeever, Rebecca Smart, Jake Lingwood, Mark Hutchinson, Gemma Bell, Sarah Bennie, Diana Riley, Helen Everson, Aaron Wehner, Lorena Jones e Sandi Mendelson.

Obrigado a Gitai Fisher, Sarah Joseph, Bob Granleese, Melissa Denes, Josh Williams e Nichole Dean.

Por último, quero agradecer à minha família e à minha família estendida: Karl Allen, Max e o pequeno Flynn; Michael e Ruth Ottolenghi; Tirza, Danny, Shira, Yoav e Adam Florentin; Pete e Greta Allen, Shachar Argov, Helen Goh, Garry Chang, Alex Meitlis, Ivo Bisignano, Lulu Banquete, Tamara Meitlis, Keren Margalit, Yoram Ever-Hadani, Itzik Lederfeind, Ilana Lederfeind e Amos, Ariela e David Oppenheim.

Yotam Ottolenghi

Agradecimentos

Tara gostaria de agradecer às seguintes pessoas por ajudá-la com seus conselhos, seu apetite e seu apoio: Vicki Howard, Cornelia Staeubli, Carenza Parker, Sala Fitt, Suzanna e Richard Roxburgh, Alison e Alec Chrystal, Sophie O'Leary e Chris Wigley. A Vicki por suas dicas (com as palavras), Cornelia por suas dicas (com tudo), Carenza por sua fome (de comida e de pratos para lavar!), Sala por sua sede (de vinho), Suzanna, Richard, Alison, Alec e Sophie pelo apoio (com as crianças) e Chris por tudo isso e muito mais.

Tara Wigley

Esme Howarth gostaria de agradecer ao marido, Mark Howarth, por seu apoio constante e suas papilas gustativas sempre disponíveis. Ao seu bebê de 39 semanas que a dispensou de muitos enjoos matinais para que pudesse continuar cozinhando e provando as comidas mesmo com a barriga enorme durante o processo de produção deste livro. A seus pais, Waring e Alison Robinson, por alimentar sua criatividade a vida toda — e sua mãe em especial pelo arroz com lentilha e pelos deliciosos ensopados de cozimento lento. E a todos os amigos e pescadores que ela alimentou ao longo dos anos e que lhe deram conselhos, incentivo e providenciaram peixe fresco. Por último, à incrível família Ottolenghi, que não poderia tê-la apoiado mais.

Esme Howarth

Copyright © 2018 by Yotam Ottolenghi
Copyright das fotografias © 2018 by Jonathan Lovekin
Originalmente publicado em 2018 pela Ebury Press, selo editorial de Ebury Publishing do Grupo Random House
Todos os direitos reservados.

Companhia de Mesa é um selo da Editora Schwarcz S.A.

Grafia atualizada segundo o Acordo Ortográfico da Língua Portuguesa de 1990, que entrou em vigor no Brasil em 2009.

TÍTULO ORIGINAL Simple
CAPA E PROJETO GRÁFICO Here Design
PREPARAÇÃO Andréa Bruno
ÍNDICE REMISSIVO Luciano Marchiori
REVISÃO Márcia Moura e Isabel Cury

Dados Internacionais de Catalogação na Publicação (CIP)
(Câmara Brasileira do Livro, SP, Brasil)

Ottolenghi, Yotam
  Simples / Yotam Ottolenghi, Tara Wigley, Esme Howarth ; tradução Lígia Azevedo. — 1ª ed. — Companhia de Mesa, 2020.

  Título original: Simple.
  ISBN 978-65-86384-00-0

  1. Culinária 2. Culinária (Receitas) 3. Receitas 4. Receitas (Culinária) I. Wigley, Tara. II. Howarth, Esme. III. Título.

20-34763   CDD-641.5

Índice para catálogo sistemático:
1. Receitas : Culinária : Economia doméstica 641.5

Maria Alice Ferreira – Bibliotecária – CRB-8/7964

[2020]
Todos os direitos desta edição reservados à
EDITORA SCHWARCZ S.A.
Rua Bandeira Paulista, 702, cj. 32
04532-002 — São Paulo — SP
Telefone: (11) 3707-3500
www.companhiadasletras.com.br
instagram.com/companhiademesa

Esta obra foi composta por Osmane Garcia Filho em Humanist e impressa pela Gráfica Santa Marta em ofsete sobre papel Couché Matte da Suzano S.A. para a Editora Schwarcz em outubro de 2020

A marca FSC® é a garantia de que a madeira utilizada na fabricação do papel deste livro provém de florestas que foram gerenciadas de maneira ambientalmente correta, socialmente justa e economicamente viável, além de outras fontes de origem controlada.